岭南文化读本

陈建文 主编

岭南名胜古迹

LINGNAN MINGSHENG GUJI

邱立诚 编著

南方传媒 广东省地图出版社
·广州·

图书在版编目（CIP）数据

岭南名胜古迹 / 邱立诚编著. —广州：广东省地图出版社，2023.8
ISBN 978-7-80721-873-9

Ⅰ. ①岭… Ⅱ. ①邱… Ⅲ. ①岭南—名胜古迹—介绍
Ⅳ. ①K928.706.5

中国国家版本馆CIP数据核字（2023）第147597号

LINGNAN MINGSHENG GUJI
岭 南 名 胜 古 迹
邱立诚 编著

出 版 人：李希希

策划编辑：钟睿祺
责任编辑：张超荣
装帧设计：琥珀视觉
责任校对：蒋美秀
排　　版：古若琪　黄子岸

出版发行：广东省地图出版社
地　　址：广州市水荫路35号（邮政编码：510075）
电　　话：（020）87768354（发行部）
印　　刷：广州市人杰彩印厂
开　　本：787毫米×1092毫米　1/16
印　　张：17　　　**字　　数：**210千字
版　　次：2023年8月第1版
印　　次：2023年8月第1次印刷
书　　号：ISBN 978-7-80721-873-9
定　　价：80.00元

岭南文化读本

主　编　陈建文
副主编　崔朝阳　王桂科

前　言

本书选取广东省全国重点文物保护单位 133 处 [由于东莞林则徐销烟池与虎门炮台旧址（南沙部分）、广州南越国宫署遗址与南越文王墓均拆分成 2 处来写，全国重点文物保护单位实际为 131 处]，广东省文物保护单位与个别市级文物保护单位共 67 处（含广东省水下文物保护区 2 处），再加上 40 处中国传统村落和 1 处全国乡村旅游重点村，总共 241 处，上述资料截止时间为 2023 年 6 月，力图不遗漏重要的名胜古迹。在各地市的文物保护单位中，又以古遗址、古墓葬、古建筑、石窟寺及石刻和近现代重要史迹及代表性建筑为序来表述，以图片和文字的方式来展现广东古迹与村落背后承载的南粤历史的风貌，透过其中的历史片段，探索南粤融合、演变的进程，进而了解厚重的地方人文气息，挖掘内在的特质。前有综述，后以珠江三角洲、粤东、粤西、粤北划分 21 个地级市，每个地级市的内容中有概述及若干条目，后设附录，为广东省中国传统村落名单，构成了《岭南名胜古迹》。以特有的历史内容，诠释广东文化的丰富内涵。

广东是岭南地区的核心地域，面朝海洋，背靠五岭，地理位置优越。古人类文化遗存众多，2000 多年南海丝绸之路连绵不断，“一带一路”茁壮成长。它们串起散落在南粤大地的璀璨明珠——无数的名胜古迹，为人们所向往。在历史的长河中，广东不断吸收中原和海外的优秀文化，成为中西文化交融之地，借此展示岭南文化的辉煌成果和中华文明。

这本《岭南名胜古迹》是基础性读本，为有利于人们了解广东省内全国重点文物保护单位和部分省、市级文物保护单位，以及部分中国传统村落的名胜古迹而编写，对于理解广东的古人类文化、古墓葬的特点，古建筑中的岭南文化因素，石刻的特色及其反映的历史现状，近现代以孙中山和毛泽东为代表的革命传统与红色文物给人们所带来的重要影响，发挥着不可替代的历史作用。广东的广府、潮汕—雷州、客家三大民系在古建筑和近现代代表性建筑中表现得淋漓尽致，其传统村落文化体现出岭南的体系，有着悠久的历史，见证了人类的繁衍发展，保留了丰富的传统文化，是物质文化与非物质文化的有机结合体。

尊重历史、尊重文化、尊重生态，一个很重要的方面就是要守护城市自然生态环境和历史文化风貌。坚决贯彻落实新发展理念，认真践行以人民为中心的发展思想，尊重城市历史发展规律，带着感情和责任做好城市工作，杜绝破坏性“建设”等违规事件发生。加强历史学、经济学、科技知识学习，特别是要悟透以人民为中心的发展思想，坚持正确政绩观，自觉敬畏历史、敬畏文化、敬畏生态，慎重决策、慎重用权。

我们要深入学习贯彻习近平总书记重要指示精神，切实持续深化推进整改落实，必须使自己的思想自觉、政治自觉、行动自觉，按照中央决策部署及省委、省政府工作要求，坚持方向不偏、力度不减、干劲不松，强化系统观念、注重统筹协调，把抓整改与推动高质量发展结合起来，坚决把整改工作全面推向深入，确保成果经得起检验。要在学懂弄通做实习近平新时代中国特色社会主义思想上下更大功夫。坚决拥护“两个确立”、做到“两个维护”，不断加强理论武装，做到真学、真懂、真信、真用，在学习实践中切实提高政治判断力、政治领悟力、政治执行力。要在深入推进突出问题整改上下更大功夫，加强动态管理，进一步完善整改措施，把握节奏、分类施策，一项一项推进整改，坚决把各项整改任务落实到位。要在提升城市治理体系和治理能力现代化水平上下更大功夫，深刻把握城市发展规律，严格落实“一个尊重、五个统筹”，健全城市规划建设管理制度，规范审批事权管理，加大历史文化保护力度，科学节俭务实推进城市绿化，更加科学有序推进城市更新行动，努力走出一条城市治理新路子。要在锻造忠诚干净担当的高素质专业化干部队伍上下更大功夫，作为文化、文物工作者，要深入学习贯彻习近平总书记关于文化、文物工作的重要论述和指示精神，为满足人民日益增长的对美好生活的需求，找准历史与现实的切合点，进一步拓展文物合理利用的途径，加快文化旅游的融合步伐，打造历史文化游径，努力创造文物活化利用的新路子。不断增强爱国意识和爱国情怀，牢固树立正确的世界观、人生观、价值观；牢固树立马克思主义祖国观、民族观、文化观、历史观，铸牢中华民族共同体意识。充分发挥岭南历史文化优势，利用好历史文化遗产特别是历史文物和传统节日，大力传承弘扬中华优秀传统文化，让中华文化成为各民族的情感纽带、心灵归宿。

历史是人民创造的，历史经验是历史发展的动力与结果。知所从来，方明所往。欲知大道，必先为史。度之往事，验之来事，参之平素，可则决之。回顾过去，展望将来，历史是最好的教科书，以史为鉴，可以知兴替；以史为鉴，可以创未来，这是当代中国共产党人高度的历史自觉和历史自信。让人们了解这些历史，使用这些历史，是我们编写这本《岭南名胜古迹》的历史使命。

邱立诚

2022 年 10 月

目　录

一、广东古迹与村落综述

二、珠江三角洲名胜古迹

三、粤东地区名胜古迹

四、粤西地区名胜古迹

五、粤北地区名胜古迹

附录

一、广东古迹与村落综述

广东位于中国南部，地处五岭之南，史称“岭南”，是岭南地区的核心地域。广东面朝大海，东邻福建，南近港澳，西依广西，北靠湖南、江西，西南与海南岛隔海相望，海岛众多，海岸线长达 4 114 千米。在省内，分布了许多名胜古迹，还有许许多多的古村落。

（一）《岭南名胜古迹》读本的基本内涵

广东的早期人类遗址主要分布在洞穴、河流两岸的山岗台地、滨海的沙丘与咸淡水之交的贝丘。历代的古墓葬则更多地保存在古城、古镇、古村落周围的山冈丘陵地带。先秦及汉以来，海上丝绸之路的形成使广东沿海地区留下了许多相关的遗址、遗迹。境内的石灰岩地区、红砂岩分布区与沿海的花岗岩分布区，有很多历代的石刻遗留。截至 2022 年 12 月全省共登记不可移动文物 37 156 处，其中，古遗址 2 462 处，占总量的 6.63%；古墓葬 2 528 处，占总量的 6.80%；古建筑 20 566 处，占总量的 55.35%；石窟寺及石刻 769 处，占总量的 2.07%；近现代重要史迹及代表性建筑 10 821 处，占总量的 29.12%；其他 10 处，占总量的 0.03%。截至 2021 年，广东有全国重点文物保护单位 131 处（含广州南越国宫署遗址与南越文王墓合并为 1 处、虎门炮台辖属东莞与广州南沙合并为 1 处），广东省文物保护单位 767 处（含广东省水下文物保护区 2 处），各地市县（市、区）文物保护单位 7 000 多处。

先秦时期，广东地属百越，濒临南海的地理位置，不仅使广东古代先民享有渔获之利，而且早在先秦时期就与海外有了经济、文化、贸易的交往。秦南平百越，在番禺置南海郡，其后赵佗击并桂林、象郡，立南越国，都番禺。自南越国始，南海丝绸之路繁盛不衰，直至明清时期。西汉元鼎六年（前 111 年），汉武帝灭南越国；至三国时吴辖岭南；历经两晋及南朝宋、齐、梁、陈，以及隋唐数代，及至晚唐，南汉国立都于广州城（番禺），亡于宋；元初，元灭南宋于广东新会。“南海Ⅰ号”

和“南澳Ⅰ号”沉船的发现，是岭南对外文化交流的融合点，也是对内、对外贸易的交会点。境内的石灰岩地区、红砂岩分布区与沿海的花岗岩分布区，都有很多历代的石刻遗留。

唐宋以来，广东形成粤府、潮汕—雷州、客家三大民系，有“四大名山”“四大名园”。四大名山为博罗的罗浮山、南海的西樵山、肇庆的鼎湖山和仁化的丹霞山。罗浮山亦称东樵山，素有“百粤群山之祖”“岭南第一山”之称。东晋葛洪曾在此炼丹修道，隐居于此，承前启后，名扬天下。四大名园为顺德的清晖园、禅城的梁园、番禺的余荫山房和东莞的可园，揽岭南建筑特色与园林风格于一体，步移景换，令人流连忘返。

清初，清灭南明于广东肇庆。清末，孙中山等人在广东进行革命活动，为推翻封建王朝、成立中华民国做出了巨大贡献。民国时期，中国共产党在广东开展革命活动，历经国内革命战争、抗日战争和解放战争，是争取中华民族解放运动不可或缺的组成部分。古代政权的更替使岭南地区的商人更有作为，广州成为名副其实的“商都”。各种古建筑如寺庙、祠堂、民居，反映了各个民系的风格与特色，具有鲜明的时代特征与地方特点。清末及民国时期，受西方文化的影响，许多建筑都具有中西合璧的风格特征，表现出鲜明的侨乡风貌。这一时期，很多建筑物等更发挥出特殊的作用，后来成为革命文物尤其是红色文物。

新中国成立后，有不少反映时代面貌和地方特点的建筑。改革开放以来，广东作为先行地，始终站立在时代潮头，留下了许多历史印记。“南海Ⅰ号”的整体打捞、整体搬迁，“南澳Ⅰ号”的出水打捞，广东省博物馆新馆建成开放，开平碉楼与村落成功申报为世界文化遗产等一批重大文物保护项目取得了新突破，更新了文物保护的理念、方式与方法。各地级市在古驿道建设中突出文化元素，通过古驿道将一处处文物古迹串联起来，人民群众在休闲过程中可以充分领略这些文化遗产的魅力。那些自古以来生活在岭南地区的人们给我们留下了宝贵财富，展现了历代粤人艰苦创业的历史轨迹。

珠江三角洲地区地处广东省中南部，河网密布，港湾优良，交通便利，自古以来，先民就开始聚集居住于此，因此留下了十分丰富的历史遗迹。近现代以来，珠江三角洲地区作为西方思想传播和改革开放的前沿阵地，在历史发展的轨迹中保存下来的近现代重要史迹及代表性建筑尤为丰富。粤北地区作为中原文化向岭南传播的中间站，在历史演变中也保存了不少代表性文物，如韶关南雄市珠玑巷就是古代中原和江南通往岭南的陆上孔道。粤东和粤西地区与前面两个区域的文物相比，相对较少，但独具本地特色。粤北地区梅州的客家民居和粤东潮州土楼都是广东省比较有代表性的传统建筑。

积极配合旅游、宣传等部门，大力发展文化旅游产业和文化创意产业，一批工业遗产被打造成文化创意产业基地，文物资源的整合工作取得显著成效。文化惠民如文物鉴定进校园、进社区等一系列公益活动受到公众好评。博物馆免费开放机制长效稳固，在拓展服务领域、创新服务方式、完善服务设施、丰富服务项目各方面都取得了长足的进展。广东流动博物馆网络已经覆盖全省，吸引观众 500 多万人次，获得原文化部公共文化服务体系创新特等奖。文物保护能力建设上了新台阶，初步形成了省、市、县（区）、镇（乡）四级文物保护管理机制，跨学科、多门类人才不断补充到文物工作队伍中来，为文物工作的可持续发展提供了智力支撑，文物保护队伍和志愿者队伍整体素质得到提高。社会各界人士和海外华侨华人、港澳同胞向广东省各级博物馆、纪念馆捐献了数以万计的文物，丰富了博物馆的藏品。

（二）《岭南名胜古迹》中的国家历史文化名城与传统村落

1982—1994 年，国务院共公布了三批国家历史文化名城，并于 2011 年和 2015 年分别增补了中山和惠州两市，使广东省的国家历史文化名城达到 8 个，分别是广州、潮州、肇庆、佛山、梅州、雷州、中山、惠州。省级历史文化名城15个，分别是东莞、揭阳、海丰、罗定、平海、佗城、韶关、新会、高州、连州、英德、德庆、棉湖、南雄、碣石。

2012—2019年，住房和城乡建设部、文化和旅游部、财政部共评选公布了五批中国传统村落，其中广东省有263处，本书选录了其中41处。在已登记的传统村落中，以梅州市的最多，达78处，其中客家围龙屋占很大的比例，尤其是兴宁、五华、平远等地，兴宁号称“中国围龙屋之乡”，可说是名副其实。大埔与梅县松口地区，堪称围屋与西洋建筑的结合体，许多有中西风格的建筑在此出现，明末清初时更出现了洋楼建筑，松口镇成为客家人出南洋的第一站，也是孙中山发动辛亥革命的策源地之一。清远也是传统村落较多的地区，有31处，除瑶族的村落以外，可说是广府建筑风格的一部分，有自己的特点和特色。排列整齐、错落有致的建筑是清远地区传统村落给人的第一印象。珠江三角洲地区则以佛山为代表，有22处，其中以南海区保留的传统村落较多。烟桥村是佛山传统村落中的杰出代表，明正统十四年（1449年）建村，规划严整，肌理尚存，保存了大量清代古建筑群，清乾隆年间（1736—1795年）已有“烟桥”之称。其他的如肇庆、江门乃至广州，传统村落的数量基本相同，其广府建筑风格都相当一致，其分布是祠堂设于风水塘之后，子女居住于祠堂后面两侧；民居流行三间两廊；房屋多聚在一起，防御性较强。韶关地区的传统村落是客家建筑风格，流行围楼建筑，如始兴，堪称“中国围楼文化之乡”。潮汕地区传统村落历史悠久，保存完整，营造精致。如潮州象埔寨，有近千年历史，明清时发展最盛，至今保存有古城门、城墙等防御性主体建筑。惠州的传统村落既有广府建筑风格，如龙门、博罗两地；又有客家建筑风格的，如惠阳、惠城与博罗的部分地方；更有潮汕型的，如惠东一带。湛江地区有相当部分是闽南潮汕来的移民，该地区的传统村落可以说是广府与潮汕建筑风格的混合体，因此，也有称之为雷州民系特别的因素，其基础是骆越文化。

深入研究及活化利用各时期的名胜古迹和传统村落，有利于弘扬岭南文化多元兼容、开放务实、创新进取等积极精神，提高政治敏锐性，不断注入新时代元素，增强归属感、凝聚力和创造力，使广东人“敢为天下先”的人文精神成为推动科学发展的内在动力，激励我们为建设习近平新时代中国特色社会主义而努力奋斗。

二、珠江三角洲名胜古迹

（一）广府文化发祥地——广州

广州是广府文化的发祥地，从秦朝开始一直是郡治、州治、府治，是华南地区的政治、军事、经济、文化和科教中心。由秦汉起至明清时期的2000多年间，一直是中国对外贸易的重要港口城市，是中国海上丝绸之路的起点。3世纪起成为海上丝绸之路的主要港口之一，唐宋时成为中国第一大港，是世界著名的东方港市。唐朝时，这条海上丝绸之路被称为“广州通海夷道”，其航程从广州起，经南海、印度洋，直驶巴士拉港，到达东非赤道以南海岸，这是16世纪以前世界上最长的远洋航线。明清时广州是中国唯一的对外贸易大港，也是世界唯一一个2000多年长盛不衰的大港，更是特殊开放的口岸。鸦片战争后，中国与英国签订《南京条约》，被迫开放广州、上海、宁波、福州、厦门五个通商口岸，广州一口通商的局面从此结束。1982年广州被公布为首批国家历史文化名城，截至2022年12月，有全国重点文物保护单位33处、广东省文物保护单位49处。主要名胜古迹有古遗址、古墓葬、古建筑和近现代重要史迹及代表性建筑，如南越国的宫署遗址和采石场遗址，伊斯兰教的墓葬和王侯、历史名人的墓葬，还有寺、庙、观、祠堂、塔、楼、会馆，以及革命时期的旧址、会址、故居、纪念堂、烈士墓等。这些不可移动的历史名胜古迹和革命文物，勾起了普罗大众的回忆和想象，唤起了人们的情怀。多数已建立管理机构。

1. 南越国宫署遗址　（秦、西汉）

位于广州市越秀区中山四路。1975年试掘时，发现了宫殿的一段砖石通道，宽2.55米，当中铺石板，两侧用边长70厘米的印花方砖砌边。通道残长约20米，其上覆盖有“万岁”瓦当等残件及灰烬。1995与1997年先后发现宫苑遗址的石构蓄水池（蕃池）和长150米的曲流石渠遗迹，面积约3 600平方米。池壁呈斜坡状，铺石板，已发现有“蕃”“治”“阅”等刻字，池底出土八棱石望柱、石栏杆、石门楣及砖、瓦、木等建筑残件。靠近石板平桥和步石处设出水闸口，外连木暗槽以泄水。1996 年发掘汲水砖井，圆形，用扇形砖结砌，外径 1.11 米、深 8.8 米，井中填满南越国时期的砖、石、瓦、焦木等建筑构件。2000 年清理出一座大型宫殿东北角的一段散水道，宽 1.5 米，外用带榫的长条砖镶边，当中铺河卵石，内层以印花的大砖铺砌，做工讲究。2004 年清理出一口南越国时期的渗水砖井，高 2.06 米，井底铺三块木板。井圈的上部东、西侧还特意留出一个进水口，外面与木质水槽（已朽）相连接。北壁底下 10 多厘米处留一出水口，外面连接陶制地下管道。在井内堆积的第 8 ~ 14 层共出土木简（含整简和残简）100 多枚，有 1 000 多字。木简记录了南越国早期宫苑的制度管理及刑律等内容。木简散乱，未见编联痕迹。墨书字数不等，其中一枚有“廿六年……”的纪年，因汉高祖至汉景帝及南越国五主中，仅赵佗在位超过 26 年，而汉武帝始在纪年前加年号，可以认定，“廿六年”应为赵佗自立南越武王之后的 26 年，即汉文帝前元二年（前 178 年）。考古发掘证明，这里是南越国宫署遗址，蕃池与曲流石渠是全国发现最早的宫苑实例，为岭南两千年前的园林遗存。1996 年，南越国宫署遗址被国务院公布为全国重点文物保护单位，现属南越王博物院。

南越国宫署遗址

2. 莲花山古采石场 （西汉至清）

位于广州市番禺区石楼镇莲花山，东部为珠江口狮子洋畔。莲花山原名石砺岗，又名石狮山。莲花山石质由赭红色砂砾岩构成，属于陆源碎屑沉积岩。该采石场是极为罕见的大型人工采石场地，坐北朝南，分布于莲花山的东南面山腰至山顶上，由 48 座低山组成，总面积 231 万平方米。西汉南越王墓石料开采于莲花山，距今 2000 多年。史料记载，自明万历七年（1579 年）至清道光二十二年（1842 年），番禺莲花山石场采石历时 260 多年。从西汉一直到 20 世纪 80 年代，人们在此大规模开采石料，留下的采石工作面平均高 25 米，最高达 40 米，有的向下开采，深达 13 米，开采面积约 33 万平方米，有的地方还可见已采凿而未运走的石柱或半成品。1982 年，成立莲花山旅游区。2001 年，莲花山古采石场被国务院公布为全国重点文物保护单位。

莲花山古采石场开采面

3. 南越文王墓 （西汉）

位于广州市越秀区解放北路象岗山，1983 年发现并发掘清理，陵墓主人是南越国第二代王赵眜，西汉建元四年（前 137 年）继位，约卒于元狩元年（前122年）。南越文王墓是赵眛的陵寝墓室，墓葬保存完好，为彩画石室陵墓，距地表深20余米，用750多块砂岩石材建造，面积100平方米。墓主身着丝缕玉衣，两边分置十把铁剑。玉衣上由胸部向腹部排有九枚印玺，其中龙钮“文帝行玺”及“泰子”金印各1枚，余为“赵眛”“帝印”等玉印。出土成盒珍珠，还有玉角杯、盒、带钩、璧等精美玉器。玉璧中有一西亚银盒，尚存半盒药丸。殉四位夫人，各有印玺及玉饰等随葬，其中“右夫人玺”为金印。南越文王墓共出土随葬品1 000多件（套），包括用金、银、铜、铁、玉、珍珠、陶瓷、漆木、丝织品等制成的炊器、容器、乐器、俑、玩具、车马器、配件、饰品，还有墨、药、动物骨骼等，其中不少为稀世珍宝。南越文王墓是岭南地区随葬品最为丰富、墓主人身份最高的汉代陵墓。1996年，南越文王墓被国务院公布为全国重点文物保护单位，现属西汉南越王博物院。

南越文王墓

4. 清真先贤古墓 （唐）

位于广州市越秀区解放北路，是著名的伊斯兰教古迹。古称“回回坟”。相传唐开海舶，唐贞观二年（628年）阿拉伯穆罕默德派遣宛葛素（又译苏哈白赛）前来广州，后转泉州、杭州到达长安；翌年，复循原路返抵广州后逝世，葬于此。墓园为庭园式布局，占地面积约 2 200 平方米。门楼石额上横书“清真先贤古墓”，进门后过了“高风仰止”石牌坊便是墓地。墓室坐北向南，形制上圆下方，宽深约 6 米。室内筑成拱顶，呈穹隆形，犹如悬钟，在室内诵经或讲话，回声响亮，故又称“响坟”。墓为唐贞观三年（629 年）所建，墓室正面开一小门，门额上书“宛葛素墓”。门前增建一座拜亭，亭和墓室四周绕以石栏杆，是广州地区纪念伊斯兰先贤的重要墓葬。2013 年，清真先贤古墓被国务院公布为全国重点文物保护单位。

清真先贤古墓

5. 南汉二陵　（五代）

南汉二陵包括德陵和康陵。德陵位于广州市番禺区北亭村青岗北坡，俗称“刘王冢”，陵墓坐南向北。整座墓用素面青灰砖砌筑，由墓道、封门、前室、后室四部分组成。墓葬进深 36.47 米、宽 5.82 米，占地面积 212 平方米。墓道呈缓坡状，内置青瓷罐 190 件、釉陶罐 82 件，排列整齐有序，应是当时“墓前设奠”之遗留。靠近封门内侧有一块长 1.36 米、宽 1.25 米、厚 0.18 米的大方石，该石光素无纹、无字，似为未刻字的墓志石。东西两侧壁各设两行共 9 个塔形壁龛。后室两侧壁各设 5 个龛，后壁被严重破坏。后室内随葬品早年已被盗空，仅在扰土中发现有青釉陶屋残片。推断该墓为南汉国奠基者刘隐的陵墓。康陵位于广州市番禺区北亭村大香山南麓，建成于南汉光天元年（942 年），坐北向南，地面建有陵园和陵坛，地下筑玄宫。陵园呈长方形，四周夯筑围垣，墙垣四角设有角亭，墙垣东西宽 70 米、南北长 130 米，占地面积约 9 100 平方米。南墙垣正中有门楼磉墩遗迹。陵墓居陵园中部偏北，为带墓道竖穴砖室墓，地宫上方为砖土结构的坛形建筑。玄宫位于陵坛之下，由墓道、封门、甬道、前室、中室和主室组成。墓室内全长 11 米、宽 3.15 米、高 3.3 米。主室两侧壁各设 15 个小龛，后壁有一大龛，室内砖砌棺床。因多次被盗，现存完整陪葬品极少，只有陶瓷、玻璃器、石俑残件，还有玉石片、银环、开元通宝等。在前室当门横立刻“高祖天皇大帝哀册文”碑石 1 块，保存完好，高 115 厘米、宽 154 厘米、厚 20 厘米。其侧边刻有缠枝蔓草纹。哀册文阴刻楷书，右起竖 38 行，共 1 062 字。据《高祖天皇大帝哀册文》所载，“高祖天皇大帝”及“迁神（即灵柩）于康陵”。可知墓主是五代时期南汉国高祖刘龑。刘龑薨于南汉大有十五年（942 年）四月，于同年九月“迁神于康陵”。2006 年，南汉二陵被国务院公布为全国重点文物保护单位，现建有南汉二陵博物馆，由广州市文物考古研究院管理。

南汉二陵——德陵（左）和康陵（右）

6. 云从龙墓　（元）

位于广州市天河区广州大道北路五仙桥直街白云山后峰梅岭蚺蛇坑。墓建于元元贞二年（1296 年）。经明、清、近现代等多次重修，只有墓碑、藏碑亭和墓道两端的牌坊为原物。现墓是1985年在原墓东面50米处重建的，坐西北朝东南，门坊上书红字“云公从龙墓园”，占地面积4 107平方米。坟头顶部为祥云拱月石刻，下立一石碑，碑正中刻“御葬湖广安南等处行中书省参知政事赠正一品维山云公同夫人徐氏墓”，下款“康熙二十九年立”。碑前置一石拜桌，上刻“云府拜桌”。墓门下方有“云家山”题款，两侧为“民国十年辛酉重建”“裔孙韶敬书”灰批字样。墓园前台阶两侧各有1只石狮，制作于1948年。墓园右前方有绿色琉璃瓦四角亭，横梁上书“云家山藏碑亭”。亭内立有5块清、近代地方政府和云氏后裔立的保护墓园石碑，以及1989年云氏后裔捐款重修的墓园石碑。墓园左前方有1989年1月沙河镇人民政府立的保护公告石碑。墓道东西两侧各有1座牌坊，坊额正面为“元参知政事云公墓道”“夏同龢题”。

云从龙，字无心，号维山，蒙古族人，曾先后4次在广东为官。元元贞元年（1295年）授征南大将军，进入广西及安南北部平叛。次年功成回京复命，农历二月初七日病逝。被元朝廷追赠为正一品，御葬广州白云山。

2008年，云从龙墓被广东省人民政府公布为广东省文物保护单位，现由云从龙墓管理处管理。

7. 湛若水墓（明）

位于广州市增城区新塘镇陂头村天蚕山东麓。湛若水，明代著名思想家、教育家，历任明嘉靖南京礼部、吏部、兵部尚书。墓始建于明嘉靖三十九年（1560年），坐西北朝东南，由墓道、三级平台、享堂、坟头和护岭组成，总宽44米，深36.3米，占地面积1 597.2平方米。四柱三间仿古双层庑殿顶碑楼式坟头，正间有篆文“谕葬”二字。左右挂榜墙上分别双钩篆文“山斗八座真儒千载”“九十五年全归不朽”16个大字，是湛若水辉煌一生的赞铭。墓道长近千米，上有一座石牌坊、一对石雕文武官吏俑、一对石雕马俑、一对石雕狗俑、一只石雕羊俑，气势恢宏，具有重要的历史、研究和艺术价值。1989年，湛若水墓遭盗掘破坏，墓碑被砸（现石碑是 1991 年其后裔子孙重立的），破棺弃骨。破案后，仅追缴回 18 个彩绘小陶俑。

湛若水（1466—1560 年），广东省增城县甘泉乡（今新塘镇）人，初名雨，又名露，字元明、民译，号默翁，又号甘泉。学者尊称为“甘泉先生”。弱冠始读书。明弘治五年（1492 年），考中举人。步入而立之年后，即赴新会县拜年高 67 岁的著名教育家陈白沙（1428—1500 年）为师，官至三部尚书。有《湛若水全集》传世。

2002 年，湛若水墓被广东省人民政府公布为广东省文物保护单位。

8. 屈大均墓 （清）

位于广州市番禺区新造镇思贤村宝珠岗。墓建于清康熙三十五年（1696 年），1929 年重修，1985 年再次修缮。坐西南向东北，由屈大均墓、其父屈澹足墓、其母黄太君墓和其子媳墓共 4 座墓组成。墓群呈梯字形，前宽 14.5 米，后宽 6.8 米，边长 9.8 米，占地面积约 150 平方米。屈大均墓坐落于墓群中部右侧，享堂中间立一青石碑，正中刻“明屈翁山先生墓”，下款刻“民国十八年（1929 年）己巳仲冬番禺县长陈樾题”。屈大均墓后方建墓表，为邑人吴道镕于 1929 年撰并书，概述屈大均生平及建树。墓前右侧立一石碑，上刻“墓松图碑记”，碑文因风雨剥蚀多有不清。在墓域前右侧建有六角墓亭，为 1986 年番禺县（现番禺区）人民政府为纪念屈大均逝世 290 周年而建，亭上横匾刻“思贤亭”。亭中立“思贤亭记”石碑，其背面阴刻屈大均先生像。墓地通道入口处建有三间四柱冲天牌坊 1 座，正中横匾题词为“一炬南天”。

屈大均（1630—1696 年），初名邵龙，又名邵隆，号非池，字骚余，又字翁山、介子，号菜圃，汉族，广东番禺人。明末清初学者、诗人，与陈恭尹、梁佩兰并称“岭南三大家”，有“广东徐霞客”的美称。参加其师陈邦彦以及陈子壮、张家玉等的反清斗争，同年失败，后至肇庆，向南明永历帝呈中兴六大典书。著有《广东文集》《广东文选》《广东新语》等作品。

1989 年，屈大均墓被广东省人民政府公布为广东省文物保护单位。

9. 霍韬墓 （明）

为夫妇合葬墓。位于广州市增城区新塘镇九如村南香山南麓，始建于明嘉靖十九年（1540 年），坐西北朝东南，通宽 20 米，通深 30 米，占地面积 600 平方米。垄环施灰塑仿古屋脊，下施灰沙夯筑平台，平台后部有一座八角五层红砂岩石砌筑碑塔，正面嵌一方端石碑，碑首刻“奉天诰命”四字，上半部刻嘉靖皇帝御笔嘉奖霍韬及其夫人的祭文，下半部刻“太子太保、礼部尚书、掌詹事府事、谥文敏霍公偕诰赠夫人郑氏之墓”。立壁上各镶嵌一方墓志碑，分别是明嘉靖二十一年（1542 年）武英殿大学士同邑友人方献夫撰的《明礼部尚书谥文敏渭厓霍公墓表》碑，嘉靖十九年（1540 年）、嘉靖二十年（1541 年）南京各部的祭文碑，介绍霍韬生平传略的志铭碑。墓葬规模宏大，雄伟壮观，形制特别，版筑精工。

霍韬（1487—1540 年），字渭先，号兀崖，广东广州府南海县石头乡（现属广东省佛山市石湾区澜石镇）霍族人。后人尊他和石肯乡梁储，西樵大同乡方献夫为明代南海县的“三老阁”。“大礼朝议”斗争之时，他援引古礼，揆之事体，主张嘉靖帝（明世宗），应尊生父“兴献王”为皇考，不同意群臣同议以兴献王为皇叔考之名称，义正词严，力排众议，并使得嘉靖帝最后同意他的主张。事后升官，他也因避嫌媚上取宠，三次坚辞不受。明嘉靖十五年（1536 年）才官至礼部尚书、太子少保。嘉靖十九年（1540 年），霍韬在京逝世，享年 54 岁。有《霍文敏公全集》传世。

1999 年，霍韬墓被广州市人民政府公布为广州市文物保护单位。

10. 怀圣寺光塔 （唐）

位于广州市越秀区光塔路怀圣寺院内，是伊斯兰教传入中国后最早兴建的清真寺塔。为纪念伊斯兰教创始人“至圣”穆罕默德，故名怀圣寺。元代，寺毁于火灾，仅存光塔，矗立于寺之西南角。塔刹于明洪武二十五年（1392 年）和清康熙八年（1669 年）两次毁于飓风，后多次重修。现存的塔刹为 1934 年重修。怀圣寺光塔为阿訇呼号礼拜的宗教建筑，原名呼礼塔，波斯语音读作“邦克塔”，据说因“邦”与“光”在粤语中音近，遂误称为“光塔”。一说因塔呈圆筒形，耸立珠江边，古时每晚塔顶高竖如导航明灯而得名，故又是古代的导航标志。高 36.3 米。塔建筑平面为圆形，用砖石砌成，外抹蚬壳灰，呈下大上小的圆柱体，塔身收分明显，中为实柱体。塔顶原有金鸡一具，可随风旋转以测风向。现存塔刹用砖牙叠涩出线脚，其上改为葫芦形宝顶。怀圣寺光塔是中国伊斯兰教最大的邦克塔之一，与新疆吐鲁番的苏公塔大小相仿。光塔形体独特，为我国塔林所罕见。虽屡经修建，但仍具伊斯兰建筑风格，为国内现存伊斯兰教建筑最早、最具特色的古迹之一。1996 年，怀圣寺光塔被国务院公布为全国重点文物保护单位，现由广州市民族宗教事务局管理。

怀圣寺光塔

11. 光孝寺 （五代至明）

位于广州市越秀区光孝路，是中国佛教禅宗六祖慧能出家削发受戒处，为岭南佛教丛林之冠。其寺曾屡次更名，初名制止寺，东晋隆安五年（401 年）称五园寺，唐代称乾明法性寺，五代南汉时称乾亨寺，北宋时称万寿禅寺，南宋绍兴七年（1137 年）称报恩广孝禅寺，南宋绍兴二十一年（1151 年）易名为光孝寺，并沿用至今。明成化十八年（1482 年）获敕赐“光孝禅寺”匾额。现存建筑年代最早的是西铁塔，又称千佛塔，铸于南汉大宝六年（963 年），由宦官龚澄枢捐建，民国时期被毁去四层，现仅存三层。东铁塔铸于南汉大宝十年（967 年），七层，为南汉后主刘鋹捐建。大雄宝殿较多保留了南宋建筑风格，为岭南地区最雄伟的大殿。瘗发塔是六祖慧能削发受戒后瘗藏头发之处，是唐住持僧法才为纪念惠能大师在光孝寺出家剃度因缘而募款兴建的。1950 年，在大佛腹中发现一批木雕罗汉像，经考证均是唐代木雕，现收藏在广东省博物馆。寺内历代文物众多，是研究六祖及岭南佛教历史发展演变的珍贵资料。1961 年，光孝寺被国务院公布为全国重点文物保护单位，现由广东省佛教协会管理。

光孝寺

12. 六榕寺塔 （宋）

位于广州市越秀区六榕路，始建于南朝宋年间（420—479 年），南朝梁大同三年（537 年）诏建塔供奉从扶南（今柬埔寨）迎来的佛舍利，并赐号宝庄严寺舍利塔（九层木塔）。北宋元符三年（1100 年），著名文学家、书法家苏轼来游，见寺内有 6 棵老榕树，便题“六榕”二字，后人遂称之为六榕寺。北宋绍圣四年（1097 年），寺改建为楼阁式砖塔。平面呈八角形，坐北朝南，共 17 层，高 57.6 米。顶层中央塔心柱为元代铸造的千佛铜柱，铜柱穿出塔顶贯串着塔刹构件，总重逾 5 吨。民国初年补种榕树，并建榕亭以纪念苏东坡，1980 年重修。2006 年，六榕寺塔被国务院公布为全国重点文物保护单位，现由六榕寺管理处负责管理。

六榕寺

13. 五仙观及岭南第一楼 （明、清）

五仙观位于广州市越秀区惠福西路，是一座祭祀五仙的谷神庙，明洪武十年（1377 年）迁建于此。坐北朝南，现存头门、后殿、东斋、西斋部分建筑。门匾刻两广总督瑞麟手书“五仙古观”四字。后殿保留了明代早期的建筑手法。脊槫底部有“时大明嘉靖十六年龙集丁酉十一月二十一日丙申吉旦建”等字。现存 13 通宋至清的石碑，记载了五仙观的历史沿革和重修过程，见证着广州的羊城传说。岭南第一楼位于五仙观北面，是城楼式建筑，又名禁钟楼。原为明洪武七年（1374 年）建造，后毁。明万历年间（1573—1620 年）重建，坐北朝南，高两层 17 米，首层用红砂岩石砌筑，阔 13.9 米，高 6.8 米，前后贯通。现存第二层木构架是清乾隆五十三年（1788 年）的遗构，为木构方亭，面阔 11.83 米，进深 9.37 米。二楼正中悬挂一口明代青铜大钟，高 3.04 米，口径 2.1 米，据说扣之可“声闻十里”。该钟是广东目前保存最大、最完整的青铜大钟。岭南第一楼在屈大均的《广东新语》中与镇海楼、海山楼和拱北楼一起合称为“四大崇楼”。2013 年，五仙观及岭南第一楼被国务院公布为全国重点文物保护单位，现为广州市越秀区博物馆。

五仙观（左）及岭南第一楼（右）

14. 广裕祠 （明、清）

位于广州市从化区太平镇钱岗村，在钱岗古村中央位置处，坐北朝南，面阔三间 13.94 米，进深三间，至照壁处总长 61.825 米，占地面积 861 平方米。为砖、木、石结构，悬山顶，八字照壁，与第一进相连为翼墙，两者相对而立，为官样模式。一块长 8.7 米、宽 0.3 米的“江城图”封檐板，反映了清代广州珠江北岸沿江城市风光和乡村生活风情，以浮雕、镂空雕的形式，向人们再现了明清时期珠江两岸的风光：河边有下棋的、钓鱼的老头，有戴高帽的洋人，有民居、商铺；东部的大沙头，当年仍是郊区，一片田园风光，牧羊、砍柴呈现农耕风貌。广裕祠的修缮，曾获得 2003 年度联合国教科文组织亚太地区文化遗产保护杰出项目奖第一名，此奖项褒奖民间力量在中国政府的组织协调下对文化遗产保护所做出的成绩。2006 年，广裕祠被国务院公布为全国重点文物保护单位。

广裕祠

15. 镇海楼与广州明城墙　（明至民国）

镇海楼位于广州市越秀区解放北路越秀公园小蟠龙岗。明洪武十三年（1380 年），镇守广州的永嘉侯朱亮祖，在城墙最高处建楼 1 座。时珠江水面宽阔，登楼远望，碧波荡漾，颇为壮观，故楼名“望海”，后取雄镇海疆之意，改称镇海楼。后毁于火灾，明嘉靖二十六年（1547 年）重建。1928 年重修时，把原来楼内的木结构改为钢筋混凝土结构，砖石砌筑的外墙基本上为明代旧物。楼高 5 层，坐北朝南，俗称五层楼；高 28 米，歇山顶，红砂岩墙身，绿琉璃瓦，被誉为“岭南第一胜概”。广州城墙位于越秀公园内，明洪武十三年（1380 年），永嘉侯朱亮祖把宋代广州东、西、中三城合为一，并向北扩展，跨越到越秀山，史称旧城，崇祯十三年（1640年）增筑北城，用青灰色大砖砌筑，红砂岩石块砌基，现存总长度为1 137米，只剩下高度不等的残垣。1987年，镇海楼后面连同东、西两侧的城墙已修缮复原，共长180米。广州古城墙是广州地区目前唯一保存下来较为完整的古城墙。2013年，镇海楼与广州明城墙被国务院公布为全国重点文物保护单位，现镇海楼为广州博物馆所在地。

镇海楼（左）与广州明城墙（右）

16. 陈家祠堂　（清）

位于广州市荔湾区中山七路恩龙里，原名陈氏书院，俗称陈家祠，为广东省七十二县陈姓合族祠。清光绪十四年（1888年）动工，光绪二十年（1894年）落成。光绪三十一年（1905年）废科举后，书院改为陈氏实业学堂。建筑面积6 400平方米。坐北向南，五楹三进，九堂六院。门前两扇木门彩绘巨幅门神，四扇屏门双面镂雕精美。木雕、砖雕、石雕、瓦脊、陶塑、灰塑及铁铸构件，均工艺精巧、绚丽夺目，极具岭南特色。聚贤堂是陈姓族人举行春秋祭祀和议事聚会之地，后堂是祭祀的地方。陶塑工艺集中在19座厅堂屋顶上的瓦脊；砖雕以东、西倒座外墙的最具规模；灰塑集中在瓦脊及院廊上，是南海灰塑艺人所作；后座的11座双层透雕神龛，体型高大，有“光绪十六年（1890年）”“回澜桥刘德昌造”“源昌街时泰造”等题款。1959年，在该处设立广东民间工艺博物馆。1988年，陈家祠堂被国务院公布为全国重点文物保护单位。

陈家祠堂

17. 南海神庙　（清）

位于广州市黄埔区旭日街，又称波罗庙，是隋文帝下诏创建的国家坛庙，创建于隋开皇十四年（594 年）。所祀南海神，称为祝融。唐玄宗册尊南海神为“广利王”，宋、元两代屡有加封，合称“南海广利洪圣昭顺威显灵孚王”，配以明顺夫人。历朝颁给玉带、冕旒等甚多，每年派官员代表皇帝举行祭典，留下大批珍贵的碑刻，有“南方碑林”之称，是考证中国古代海外交通史及历朝史事的珍贵文物。建筑坐北朝南，占地面积近 30 000 平方米。大门木匾书“南海神庙”。上挂木门匾，书“圣德咸沾”。大殿为明代歇山顶建筑，毁于 1967 年，仅存 0.8 米高的石台基和部分石柱础，后在原位按原制重建。前堂后寝，尚可考见唐代庙宇布局遗制，是研究我国建筑史的宝贵实物。2013 年，南海神庙被国务院公布为全国重点文物保护单位，现由黄埔区博物馆管理。

南海神庙

18. 锦纶会馆　（清）

位于广州市荔湾区康王南路，始建于清雍正元年（1723 年），是广州丝织业的行业会馆。清和民国时期先后重建、重修。建筑坐北朝南，面阔 22.1 米，进深 38.5 米，占地面积 850 平方米。门前有面积约 300 平方米的广场，立有花岗岩砌造的照壁基座，大门嵌花岗岩门夹，石门额刻有行书“锦纶会馆”四字，中堂名“锦纶堂”。馆内完整保留 21 块碑刻，是研究清代资本主义萌芽和广州商贸发展史的重要实证，其中一方“锦纶会馆”小碑对会馆的始建、扩建有翔实记载，后墙镶嵌麻石质地碑刻一方，刻有“锦纶行会馆自墙，墙外滴水七寸”。锦纶会馆原位于下九路西来新街，2001 年广州市修建康王路，市政府对会馆实施整体平移，会馆向北平移 80.4 米，屋顶升高 1.085 米，再朝西平移 22 米，保持原有座向，移至康王南路现址。2005 年对外开放。2008 年，锦纶会馆被广东省人民政府公布为广东省文物保护单位。

锦纶会馆

19. 沙湾留耕堂　（清）

位于广州市番禺区沙湾街道北村庐江周道，始建于南宋德祐元年（1275 年），其后屡毁屡建，清康熙二十七年（1688 年）重建，至康熙三十九年（1700 年）建成。坐北向南，总面阔 34.1 米，总进深 82.08 米，建筑面积 2 033 平方米，占地面积 3 334 平方米。中路主体建筑为五间五进，头门前地坪用红砂岩石铺砌，边沿设一排花岗岩栏杆，保留有四对花岗岩旗杆夹石。梁、枋、斗拱、驼峰、檐板等处雕刻奇花异卉、飞禽走兽、历史人物等图案，雕工精致。二进明间“诗书世泽”石额题字为陈白沙所书，背面的石额刻“三凤流芳”。三进保留明代风格的飞禽走兽图案，刀法古朴，浮凸玲珑，堪称精品。第五进为后堂，正中檐下悬木匾，刻“留耕堂”三字，亦为陈白沙所书。建筑规模大，气势恢宏，结构严谨，做工精细，是祠堂古建中的经典之作，体现了岭南庭园精巧的建筑艺术。2019 年，沙湾留耕堂被国务院公布为全国重点文物保护单位，现为沙湾博物馆。

沙湾留耕堂

20. 沙面建筑群　（清）

位于广州市荔湾区珠江白鹅潭畔的沙面岛上，清咸丰九年（1859 年），英国、法国看中了沙面白鹅潭进可攻、退可逃的有利地形，由英国向清朝政府交涉，强迫清政府将沙面作为他们居住、经商之地。清咸丰十一年七月廿九日（1861 年 9 月 3 日），英国、法国又强迫清政府签订《沙面租借条约》，英国占有沙面西面八成租界，约 176 000 平方米（264 亩），余下东面约 44 000 平方米（66 亩）归法国占有，19 世纪末，岛内各建筑设施已基本建成。沙面建筑群包括领事馆、兵营、教堂、银行、邮局、电报局、商行、酒店、酒吧、冰厂、发电厂和住宅，还有俱乐部、网球场、公园、游泳池和码头、东桥、西桥等。150 多座欧洲风格建筑，其中有 42 座特色明显的新巴洛克式、仿哥特式、券廊式、新古典式及中西合璧式风格建筑，是广州最具异国情调的欧洲建筑群体，成为我国近代史与租界史的缩影，沙面岛上的欧陆风情建筑形成了独特的露天建筑“博物馆”。1996 年，沙面建筑群被国务院公布为全国重点文物保护单位，现由广州市荔湾区人民政府办公室管理。

沙面建筑群

21. 粤海关旧址　（清）

位于广州市荔湾区沿江西路，设立于清康熙二十四年（1685 年），是我国最早设立的海关之一，原关址在五仙门内，清咸丰十年（1860 年），粤海关税务司在现关址正式建立公署。清同治十一年（1872 年）大楼重建，清光绪二十五年九月一日（1899 年 10 月 5 日）毁于火灾，后重建，清宣统二年（1910 年）拆建，1911 年 11 月 9 日复毁于火灾。现址为 1914 年依照欧洲古典建筑形式设计的，1916 年竣工。粤海关旧址坐西北朝东南，为四层钢筋混凝土结构建筑，平面呈平行四边形，门外带垂梯，面宽 47.2 米，进深 24.22 米，总占地面积 4 421 平方米。东南立面以花岗石砌筑，大门券拱上有“粤海关”三字。顶筑穹隆顶钟楼，内置英国于 1915 年制造的大型四面时钟。粤海关旧址对研究中国海关发展史具有极其重要意义。2006 年，粤海关旧址被国务院公布为全国重点文物保护单位，现由粤海关博物馆管理。

粤海关旧址

22. 广东咨议局旧址　（清至民国）

位于广州市越秀区中山二路烈士陵园内，建于清宣统元年（1909年），为一组中西合璧的建筑，坐北朝南。主楼建筑为前圆后方的两层砖木结构楼房，占地面积 3 500 平方米，为西方古罗马式议会建筑。上下两层的结构相同，正门入内是一个弧形的大厅，厅内立有 8 根大柱，空间开阔，内有弧形的回廊。大厅中央的天花为半球形。宣统二年（1910年），广东咨议局成立，至 1911 年 12 月 22 日结束，提出并议决各项议案 127 件。1911 年后这里被改为省议会和非常国会，1921 年 5 月，孙中山在此宣誓就任非常大总统。1927 年 1 月国民党中央北迁后，这里是国民党广东省党部所在地。建筑颇具气势，将中西方建筑风格融为一体，既有罗马式圆形建筑风格，又不乏中国园林建筑的小桥流水。1958 年，广东革命历史博物馆在此建立。2006 年，广东咨议局旧址被国务院公布为全国重点文物保护单位。

广东咨议局旧址

23. 余荫山房 （清）

位于广州市番禺区南村镇罗边村北大街，是清道光年间（1821—1850 年）举人邬彬为纪念其祖父邬余荫而建的私家花园，始建于清同治六年（1867 年），同治十年（1871 年）建成。邬彬，字燕天，号燕山，官至刑部主事，后辞职回乡，晚年常与省内名士在园中雅集。建筑坐北向南，以小巧玲珑著称，为近代粤中四大名园之一。园中建筑没有中轴线，为自由散点布局，以石拱风雨廊桥为界，分东西两区。余荫园门旁悬挂点题木联“余地三弓红雨足，荫天一角绿云深”。深柳堂明间设“松鹤延年”落地罩，正中悬“深柳堂”木刻匾，西次间设“葡萄香狸”落地罩。两侧的四幅双面木刻条屏，阴刻有刘墉、陈恭尹、翁方纲等人的书法。水榭平面呈八角形，称八角亭，亭内有四条金柱，间饰“百鸟归巢”花罩，亭内悬“玲珑水榭”匾。园内遍植四季花木，既吸收了苏杭庭院建筑艺术风格，又有着典型的岭南园林特色，使整座园林布局灵巧精致。南面紧邻着瑜园，瑜园建于 1922 年，现已归属余荫山房，两园并在一起，起到了辅弼作用。1984 年成立余荫山房管理处负责对其进行管理。2001 年，余荫山房被国务院公布为全国重点文物保护单位。

余荫山房

24. 大元帅府旧址 （民国）

位于广州市海珠区纺织路东沙街，占地面积 8 279 平方米，由南、北主体大楼和东、西广场及大门楼组成。其西洋式建筑群始建于清光绪三十三年（1907年），是中国当时第二大水泥厂。两楼原为四坡屋顶，现为双坡顶，是后期改建的。主体结构采用砖、木、钢混合结构，部分使用石材。建筑的特点是采用工字钢承受楼板荷载，屋顶采用木桁架支承屋面，反映了当时建筑技术的先进水平。

1912年，孙中山就任中华民国临时大总统后，为彻底推翻封建帝制、实现国家统一，向临时参议院提出辞职，并推荐袁世凯继任。袁世凯当总统后，妄图称帝，遭到全国人民反对。袁世凯死后，政权又落在北洋军阀手中。孙中山为捍卫民主共和，实现国家统一，三次在广州建立革命政府，其中两次在大元帅府。1917年9月1日，孙中山被选为中华民国军政府海陆军大元帅，9月10日借广东士敏土厂设大元帅府；后于1918年5月离粤赴沪；1920年11月，再次回广州，组织中华民国政府，次年就任非常大总统；1922年6月，被迫离粤；1923年2月，孙中山第三次回到广州，3月1日成立海陆军大元帅府，4月3日将海陆军大元帅府迁往广东士敏土厂，直至1925年7月国民政府成立，大元帅府完成其历史使命。大元帅府作为孙中山进行民主革命的大本营具有十分重要的纪念意义，因为许多重大革命决策都是在此作出的。其后至1949年，大元帅府被辟为国父文化教育馆两广分馆等。1996年，大元帅府旧址被国务院公布为全国重点文物保护单位。1998年，成立广州大元帅府纪念馆。

大元帅府旧址

25. 洪秀全故居 （清）

位于广州市花都区新华街道大埗乡官禄埗村。建于清嘉庆年间（1796—1820 年），清咸丰四年（1854 年）被清军烧毁，1959 年根据考古发掘，在原墙基上参照当地客家民居重建复原。故居为一排共有 6 个房间的平房，是当地最简朴的民宅建筑形式，叫横屋。坐西北朝东南，总面阔 16.5 米，总进深 5.5 米，建筑面积 90.8 平方米。悬山顶，人字山墙，盖瓦面，泥砖墙，灰砂石头墙基，泥地面。每间面积约 13 平方米，门高 2 米、宽 0.9 米。第一间是洪秀全夫妇早年居住的房间，幼天王洪天贵福在此出生；第二间为厅堂，中间悬挂洪秀全高祖洪英纶夫妇的画像；后面几间为洪秀全父母兄弟所居住的房间；最后一间为厨房。洪秀全故居是研究洪秀全早期革命思想形成以及太平天国早期历史的重要资料，1988 年被国务院公布为全国重点文物保护单位，1994 年被定为广州市首批爱国主义教育基地，2000 年被定为广东省首批爱国主义教育基地，2005 年被评为国家 AAA 级旅游景区。2014 年新建的洪秀全故居纪念馆对外开放。

洪秀全故居

26. 虎门炮台旧址（南沙部分） （清）

位于广州市南沙区珠江口。大虎山炮台建于清嘉庆二十二年（1817 年），现仅见炮台基础和建筑材料三合土块；上横档岛有横档炮台、横档月台和永安炮台，清道光二十三年（1843年）重建炮台时，将横档炮台和永安炮台联成一台，放弃了横档月台，目前尚存清光绪年间（1875—1908年）所建的后膛炮池8个及门楼、炮巷。东台门楼至今完整，匾额上阴刻“东台”二字，上款刻“两广总督部堂张、广东巡抚部院倪、署广东水师提督方”，下款刻“光绪十年夏月”；下横档旧有土炮台，现已坍毁，清道光二十三年（1843年）改建三合土炮台一座，清光绪七年（1881年）两广总督张树声等重建，后改建成西式炮台，尚存光绪年间的9个西式混凝土炮池，坐北向南，炮台门楼较完整。大角山炮台于清道光十二年（1832年）建造，清光绪十一年（1885年）两广总督张之洞等引进西洋后膛炮，将其改为德国克虏伯后膛炮台，由1个炮台增加到9个炮台，现存振威台、振定台、安胜台门楼，还有部分炮池、坑道和火药局的残存房屋，2001年在大角山炮台火药库西北侧约100米的山坳处发现大角之战阵亡官兵合葬墓。这里是中国人民打响反抗外辱第一炮的地方，也是掀开中国近代史第一页的地方。1982年，林则徐销烟池与虎门炮台旧址被国务院公布为全国重点文物保护单位。1997年，广州市南沙区成立炮台管理所对横档炮台、大角山炮台旧址进行管理。

虎门炮台旧址

27. 三元里平英团遗址　（清）

位于广州市白云区广园西路。1841年5月29日上午，一股英军闯到三元里抢劫并调戏妇女，村民群起反抗，英军狼狈逃窜。事后，三元里民众在三元古庙前誓师，并以庙内的三星神旗为指挥旗，附近的103乡民众及部分丝织工人、打石工人、水勇等七八千人，在牛栏岗设伏，诱出英军至设伏点，旋即鸣锣出击。时逢大雨，英军因火枪失去作用而四散而逃，这次战斗毙伤敌人200余人。5月31日，四乡民众又团团包围四方炮台。6月1日，英军在广州知府余保纯的庇护下仓皇撤离广州。三元里人民抗英斗争的胜利，揭开了近代中国人民反侵略斗争的序幕，在中国革命史上写下了不朽的篇章。

三元里平英团遗址位于三元古庙，原建于清康熙年间（1662—1722年），第二次鸦片战争时，英法联军于清咸丰七年十一月（1857年12月）侵占广州，将三元古庙焚毁。清咸丰十年（1860年），三元里村民集资重建了三元古庙，后人称此为平英团遗址。古庙为供奉北帝的道观，因道教以天、地、水为“三元”，故称“三元古庙”，表现了晚清时期建筑趋向装饰华丽铺张的风格，具有浓厚的广州清代祠庙建筑特色。1961年，三元里平英团遗址被国务院公布为全国重点文物保护单位，现为三元里人民抗英斗争纪念馆。

三元里平英团遗址

28. 圣心大教堂　（清）

位于广州市越秀区一德路旧部前。第二次鸦片战争后，法国政府依据不平等的《天津条约》，于1861年1月25日强迫清政府将原两广总督部堂衙门4万多平方米地租给其兴建教堂。1863年6月18日圣心瞻礼日举行奠基典礼，命名圣心大教堂，1888年竣工。教堂用花岗岩石砌筑，局部用青砖，因而被称“石室”。东西宽35米，南北深78.69米。南面为双塔楼，高58.5米，分三层，第三层为钟楼，钟楼装有四具从法国运来的大铜钟：西边钟楼的西、南、北三个塔面安装有罗马字钟面的时钟，东边钟楼内悬挂以圣母玛利亚命名的铜钟。塔楼出水口为中国传统风格的石狮式样。这幢奇特的哥特式建筑融入不少中国元素，其建造沿用了中国传统的糯米桐油砌筑方法，既防水又牢固，地板用广东大阶砖，门上刻广式木雕。1935年，将塔内铁梯和屋面改为钢筋混凝土。该教堂是天主教广州教区最大教堂，也是全球四座全石结构哥特式教堂建筑之一（另外三座是法国巴黎圣母院、英国威斯敏斯特教堂、德国科隆大教堂）。1981年成立石室天主堂管理处负责对其进行管理。1996年，圣心大教堂被国务院公布为全国重点文物保护单位。

圣心大教堂

29. 万木草堂　（清）

位于广州市越秀区中山四路长兴里3号，原为邱氏书室，是广东省邱氏子弟到广州参加全省应试居住处。建于清嘉庆九年（1804 年），清光绪十七年（1891 年），康有为主张“脱前人之窠臼，开独得之新理”的办学理念，在长兴里邱氏书室创办万木草堂，寓意培植万木、为国家培养栋梁之材。康有为撰写了《长兴学记》作为万木草堂学规，并撰写了《新学伪经考》《孔子改制考》等著作，这些都成为维新运动的理论依据。建筑坐西朝东，为三间三进、两天井、硬山顶的祠堂式建筑。砖木结构，面阔三间 15.8 米，深三进连后楼共 35.3 米，面积约为 663 平方米，门额上刻“邱氏书室”四字。万木草堂是中国近代资产阶级维新派代表人物康有为聚徒讲学、宣传改良主义思想、进行维新变法思想宣传的重要场所，康有为明确提出中体西用的办学宗旨，而且采用中西并重的教育内容，这对当时的书院教学影响很大，万木草堂也成为戊戌变法的策源地。2008 年，在旧址上成立万木草堂陈列馆。2019 年，万木草堂被国务院公布为全国重点文物保护单位。

万木草堂

30. “三·二九”起义指挥部旧址　（清）

位于广州市越秀区越华路小东营，是清宣统三年（1911 年）广州“三·二九”起义（又称“黄花岗起义”）时的指挥部所在地。清宣统三年（1911 年）1 月底，黄兴受孙中山委托，为在广州再次发动武装起义做准备，先后在广州建立了秘密机关 30 多处，并挑选了各地同盟会会员 800 人为“选锋队”（即敢死队），选择距离清两广总督署较近的小东营 5 号作为起义指挥部。旧址坐北朝南，是一座三间四进三天井的清代砖木结构民居，总面阔约 14.6 米，总进深约 38.8 米，占地面积约 443 平方米，是黄花岗起义的重要历史见证，是纪念辛亥革命的重要实物资料，同时也是一座具有岭南民居特色的建筑。20 世纪 50 年代初，业主李诵刚遵照其父李章达（广东省人民政府原副主席）的遗愿，把这处旧址捐献给国家。旧址被辟为纪念馆，现由广州博物馆管理。1963 年，"三·二九"起义指挥部旧址被广东省人民政府公布为广东省文物保护单位。

"三·二九"起义指挥部旧址

31. 黄花岗七十二烈士墓　（民国）

位于广州市越秀区先烈中路黄花岗公园内。1911 年，孙中山为了推翻清王朝，命令同盟会在全国各地及华侨中挑选 160 多名骨干组成选锋队，由黄兴率领选锋队于 4 月 27 日在广州举行起义。起义军曾一举攻下了两广总督署，但终因寡不敌众而战败。烈士遗骸被弃置在广东咨议局门前。为了泄愤，两广总督衙门下令曝尸 10 日，胆敢收殓者以同党论处。尚未暴露身份的同盟会会员潘达微冒险挺身而出，以《平民日报》记者的公开身份，组织广州各善堂收殓烈士遗骸 72 具，埋于东郊红花岗（后称"黄花岗"），故此次起义称"黄花岗起义"。1912 年中华民国成立后，潘达微首倡公祭，孙中山亲自前往主祭，随即潘达微又首倡营建黄花岗七十二烈士墓，由广东军政府在此修建墓园，孙中山亲自领衔主理，潘达微任协理。其实就义烈士远不止 72 人，而是多达百余人，其中喻培伦、林觉民等有姓名可考的就有86人。黄花岗，原名红花岗，革命党人潘达微认为“红花”不及“黄花”一词雄浑优美，因此，在介绍烈士安葬情况的报道上，把“红花岗”易名为“黄花岗”，从此沿用至今。安葬烈士遗骸后，又向海内外募捐继续增建，至1935年基本建成。

黄花岗七十二烈士墓的建筑集中在南北中轴线上，墓冢由碑亭、纪功坊组成。纪功坊后有《广州辛亥三月廿九日革命记》碑，刻于1934年农历三月廿九日，高3.92米，宽1.82米。墓体气势恢宏，墓门仿凯旋门式牌坊，上嵌孙中山题写的“浩气长存”四个大字。孙中山亲自栽植了四棵青松，现仅存一棵。墓冢以花岗石砌成梯形，中央建碑亭，顶形状如悬钟，寓意争取自由的警钟。亭内立碑，碑文“七十二烈士之墓”。墓冢后有纪功坊，坊上为由海外赤子敬献的七十二块青石叠砌成的不朽崇山，高擎火炬的自由神石像矗立其巅。黄花岗七十二烈士墓是广州作为近代革命策源地的重要见证，是进行爱国主义教育的重要场所。20世纪50年代开始由黄花岗公园管理处负责管理。1961年，黄花岗七十二烈士墓被国务院公布为全国重点文物保护单位。

黄花岗七十二烈士墓

32. 中共第三次全国代表大会会址 （1923年）

位于广州市越秀区恤孤院路3号，原名春园，是一幢两层砖木结构金字瓦顶的房子，坐西北朝东南，门临大街。建筑呈正方形，长、宽各约 20 米，高约 6 米，每层各有两间房子，靠北的一间较大，抗日战争时期被日机炸毁。2004 年进行发掘，基础基本保存。1923 年 6 月 12—20 日，中国共产党在这里召开第三次全国代表大会。会前，中共广东区委受中央委托，租用此处作为会址和部分会议代表的宿舍。会址的首层靠南面的一间为会议室，靠北面的一间为饭厅，楼上两间房子为部分代表的宿舍。来穗参会的毛泽东也住在“春园”，他在这里和其他会议代表参加大会的筹备工作。这次会议是迄今中国共产党唯一在广州召开的、具有重大历史意义的全国代表大会，对党的建设和发展具有重要历史意义，对中国革命产生了巨大的影响。中共三大作出了与中国国民党合作的历史性决定，对党史研究具有重要作用。会址是爱国主义教育的重要基地。2006 年成立中共三大会址纪念馆，由中共三大历史陈列馆、中共中央原办公所在地——“春园”、中共三大会址遗址广场及旧民居 5 号楼组成，当年 7 月 1 日正式开放。2013 年，中共第三次全国代表大会会址被国务院公布为全国重点文物保护单位。

中共第三次全国代表大会会址

33. 国民党“一大”旧址　（1924年）

位于广州市越秀区文明路。1924 年 1 月 20—30 日，孙中山在广东高等师范学校钟楼礼堂主持召开了中国国民党第一次全国代表大会。国民党“一大”改组了国民党，重新解释了三民主义，制定联俄、联共、扶助农工三大政策，阐述了国共两党合作的思想，正式通过了《中国国民党第一次全国代表大会宣言》和其他决议，选举了国民党中央执行委员会和监察委员会。两会中均有跨党的共产党员参加，共产党人李大钊、毛泽东、林伯渠、瞿秋白、谭平山等出席了大会，参加了领导工作，并被选为国民党第一届中央执行委员或候补委员。国民党“一大”的召开，标志着国共合作反帝反封建的革命统一战线的建立，成为掀起全国革命高潮的新起点。1925 年第二次全国劳动大会和广东省第一次农民代表大会、1926 年庆祝广东统一和庆祝北伐胜利等群众集会都在钟楼礼堂和广场举行。钟楼的首层有一个小礼堂，面积 300 多平方米，此即为国民党“一大”旧址。

国民党“一大”旧址复原了当年召开“一大”会议的会场布置，原为清代举行乡试的贡院，1908 年改为两广优级师范学堂，辛亥革命后又改为广东高等师范学校，1924 年孙中山在这里创办广东大学，1926 年易名为中山大学。钟楼建于 1905 年，坐北向南，为一座仿西欧古典式砖木结构建筑，建筑面积 2 888 平方米。楼上方四面装置了时钟，故名钟楼。对研究中国近代史及国共两党合作、祖国统一具有重要的历史意义。1958 年在此设立广州鲁迅纪念馆，负责国民党“一大”旧址的管理。1988 年，国民党“一大”旧址被国务院公布为全国重点文物保护单位。

国民党“一大”旧址

34. 黄埔军校旧址（包括东征烈士墓、燕塘分校旧址）（民国）

黄埔军校旧址位于广州市黄埔区长洲岛，西南面不远处有东征烈士墓。孙中山在中国共产党和当时的苏联的帮助下，于 1924 年 6 月创办了培养军官的学校（黄埔军校），在长洲岛先后招生 6 期，学生来自全国 26 个省，以及朝鲜、越南、新加坡等国家。国共分裂后，学校曾利用陆军小学和广东水师学堂旧房舍，后来扩展到长洲岛的蝴蝶岗、平岗等地方。1924 年国民党建校时名称为“中国国民党陆军军官学校”，1926 年改名为“中央军事政治学校”。1927 年 4 月以后，军校性质蜕变，1928 年 3 月，黄埔军校迁往南京，更名为“中央陆军军官学校”。1929 年，原校址改名为“国民革命军黄埔军官学校”，李济深仍以黄埔军校名义，为第八路军培养干部。1930 年 9 月，蒋介石命令停办学校。1938 年，日军飞机轰炸长洲岛，校本部被夷为平地。1996 年重建了校本部，但原有建筑环境改变较大，仅存 2.6 万平方米。早期的黄埔军校设立政治部和党代表制度，实施政治教育与军事教育并重、理论与实践相结合的教学方针，军校规模逐步扩大，开设了潮州、长沙、南宁、武汉分校。校本部坐南向北，前临珠江，校门上挂“陆军军官学校”横匾。

东征烈士墓（又称“东征阵亡烈士墓”）位于广州市黄埔区长洲岛万松岭，是纪念黄埔军校师生在 1924—1925 年两次东征中光荣牺牲的 516 位烈士的墓园。墓园占地面积约 5 万平方米，坐南向北，面临珠江，依山而建，气势雄伟。

燕塘分校旧址位于广州市天河区禺东西路 38 号（今沙河禺东西路中国人民解放军体育学院内），始建于 1924 年，为钢筋混凝土结构，坐北朝南，二层方形楼房，外观呈黄色，占地面积约 2 万平方米，建筑面积 3 921 平方米。清宣统三年（1911 年），广东新军驻守此处，黄埔军校成立后，利用原新军燕塘营地设分校。1925—1929 年，黄埔第七期的全部学生（600 多名）在此上学，1926 年 9 月 3 日，时任国民党中央代理宣传部部长毛泽东在此给黄埔军校学生做报告。黄埔军校燕塘分校旧址见证了广州起义、两广事变和抗日战争等中国现代史上的许多重要历史事件，具有较高历史价值。

1984 年成立黄埔军校旧址纪念馆负责对其进行管理。1988 年，黄埔军校旧址（包括东征烈士墓）被国务院公布为全国重点文物保护单位。2019 年，燕塘分校旧址并入全国重点文物保护单位黄埔军校旧址。

黄埔军校旧址

35. 中国共产党广东区执行委员会旧址（1924—1927年）

位于广州市越秀区文明路 194—200 号。是一座 4 幢相连、三层的骑楼式建筑，坐南朝北，宽约 17.6 米，长约 16.4 米，占地面积 278 平方米，砖木结构，红砖墙，木楼板，内部有门相通。二楼、三楼为中共广东区执行委员会和青年团广东区执行委员会办公的地方。周恩来、彭湃、陈延年等曾在此办公。1924 年 10 月，周恩来回国后接任区委委员长一职，1925 年 2 月，由陈延年担任书记。区委机关设组织部、宣传部、工人部、农民部、军事部、妇女部、监察委员会和秘书处等机构。1927 年 4 月 15 日，国民党清党，中共广东区执行委员会所在地被包围搜查，遭到破坏，4 月底，中共广东区执行委员会机关迁往香港。中共广东区执行委员会是中国共产党最早建立的地方区委之一，其旧址具有重大的历史价值和革命意义。2019 年，中国共产党广东区执行委员会旧址被国务院公布为全国重点文物保护单位。

中国共产党广东区执行委员会旧址

36. 中华全国总工会旧址 （1925—1927年）

位于广州市越秀区越秀南路。1925 年 5 月，在中国共产党领导下，全国铁路总工会、中华海员总工会、汉冶萍总工会和广州工人代表联合在广州召开了第二次全国劳动大会，决定成立中华全国总工会，会议通过工会章程，选举林伟民、刘少奇、邓中夏等 25 人组成执行委员会，推选林伟民为委员长、刘少奇为副委员长、邓中夏为秘书长。1926 年，林伟民患病，由刘少奇主持中华全国总工会日常工作。

中华全国总工会最初在大德路办公，1925 年 10 月，从大德路迁至惠州会馆的二楼办公。建筑坐西向东，为混合结构，西式廊柱，二层楼房，原是国民党第一个中央党部旧址，1925 年 8 月，廖仲恺在惠州会馆门口被国民党右派刺杀殉难，9月底，国民党中央党部由此处迁往省议会（今烈士陵园内的广东咨议局旧址）。中华全国总工会成为大革命时期领导全国工人运动的中心，领导了反对帝国主义的上海五卅运动和省港大罢工，大力发展各地工会组织，推动了全国工人运动，有力支援了国民政府统一广东革命根据地和北伐战争。

1926 年 5 月，第三次全国劳动大会和广东省第二次农民代表大会在广州举行，决定在此处前院左右两侧，建立“廖仲恺先生纪念碑”和“工农运动死难烈士纪念碑”，以纪念 1925 年 8 月 20 日上午因参加国民党中央执行委员会会议而在此遭暗杀的廖仲恺先生及在工农运动中牺牲的烈士。1927 年 2 月，中华全国总工会北迁汉口，这里改为中华全国总工会广州办事处，当年4月被封闭。中华全国总工会旧址承载了大革命时期领导全国工人运动的历史，对纪念全国工人运动及工人领袖具有重要意义。1959年，中华全国总工会旧址辟为纪念馆，负责对其进行管理。1988年，中华全国总工会旧址被国务院公布为全国重点文物保护单位。

中华全国总工会旧址

37. 广东省农民协会旧址 （1925—1927年）

位于广州市越秀区东皋大道礼兴街，是一座砖木结构的连体楼房。坐北朝南，宽31米，长约24.3米，占地面积753平方米，前楼两层，后楼三层，彼此相通，一楼、二楼前有走廊式阳台，中部为联立式柱，两边为方形柱。一楼正门前有突出门廊，拱形入口，上为阳台，立有旗杆，外墙涂黄色颜料。左右两侧有楼梯通往二楼。此楼房原是广州商团副团长陈恭受的花园别墅，1924年10月，孙中山领导的革命政府镇压了商团叛乱后，将此楼房没收。1925年5月1日，在中国共产党领导下的广东省第一次农民代表大会在广州隆重召开，成立了广东省农民协会，发布了《广东省农民协会宣言》，选举产生了广东省农民协会执行委员会，制定了广东省农民协会新章程，统一了农会的名称和旗帜。大革命时期，广东省农民协会曾辖广东20多个县农民协会，领导约80万名农会会员，是中国共产党领导下全国第一个省级农民协会。农民运动讲习所由越秀南路惠州会馆迁到这里，续办了第三至第五届，毛泽东、周恩来、陈延年等经常到这里从事革命活动。1927年“四一五”事变后，广东省农民协会停止了活动。该协会旧址是革命时期培养农民干部的重要场所，对推动农民运动的发展起到积极的作用。2019 年，广东省农民协会旧址被国务院公布为全国重点文物保护单位，现为广州市越秀区廉洁文化教育馆。

广东省农民协会旧址

38. 农民运动讲习所旧址 （1926年）

位于广州市越秀区中山四路 42 号，是一处历史事件纪念地点。原为番禺学宫，始建于明洪武三年（1370 年），清乾隆十二年（1747 年）重建。1924 年 1 月召开的中国国民党第一次全国代表大会，标志第一次国共合作的正式形成。为了培养农运骨干，经共产党人彭湃等提议，中国国民党中央执行委员会决定在广州创办“中国国民党农民运动讲习所”。从 1924 年 7 月起，广州农讲所在共产党人彭湃、罗绮园、阮啸仙、谭植棠、毛泽东相继主持下，连续举办六届，为当时的广东、广西、湖南、河南、山东、湖北、四川、陕西、江西等 20 个省、自治区培训了 800 多名农民运动骨干，极大地促进了全国农民运动的开展，有力地支持了北伐战争。广州农民运动讲习所的教学内容主要是三民主义、马克思主义及国民革命的理论，并研究中国革命的基本问题——农民问题。前五届分别在越秀南路原“惠州会馆”（今中华全国总工会旧址）和中山三路东皋大道 1 号（今中山三路永兴街 6 号）举办。1926 年 5—9 月，第六届所址迁至番禺学宫，由毛泽东任所长，他除负责所务工作外，还给学员授课，并主编《农民问题丛刊》。1953 年成立广州农民运动讲习所旧址纪念馆，1961 年，农民运动讲习所旧址被国务院公布为全国重点文物保护单位，2016 年，农民运动讲习所旧址被评为反腐倡廉教育基地、廉洁文化教育基地。

农民运动讲习所旧址

39. 广州公社旧址 （1927年）

位于广州市越秀区起义路广州市公安局大院内，1927 年 12 月 11 日，广州工农兵武装起义，占领国民政府广东省立公安局后，在此成立了广州苏维埃政府和工农红军指挥部。因广州苏维埃政府主席苏兆征未到任，由中共广东省委书记、广州起义总指挥张太雷代理，叶挺任工农红军总司令，叶剑英任工农红军副指挥。后人颂称广州苏维埃政府为“广州公社”。12 日晚，敌军疯狂反扑，为保存有生力量，叶挺和中共广东省委军委负责人聂荣臻下令起义军撤出广州，转往农村。13 日，广州起义宣告失败。

广州公社旧址现存大门，还有南、中、北三座办公楼和监狱，四面有 2 米多高的围墙，大门正对的房子是广州苏维埃政府办公楼，坐东向西，为混合结构的两层建筑，占地面积约 910 平方米。楼下为广州起义总指挥张太雷的办公室、苏维埃政府会议室及临时救护处。二楼南面有两个办公室，是苏维埃政府委员和工人赤卫队负责人周文雍、杨殷、陈郁等人的办公室。北面有幢坐北向南、混合结构的两层楼房，是工农红军指挥部，面积约 400 平方米。二楼为工农红军总司令叶挺、副指挥叶剑英、参谋长徐光英以及中共广东省委军委负责人聂荣臻等人的作战指挥室。广州苏维埃政府秘书长恽代英亦在此西边的一小房间办公，起草苏维埃政府文件。广州公社是中国第一个在大城市中成立的苏维埃政府，广州起义也是中国共产党领导的南昌起义、秋收起义等三大武装起义之一，对研究中共早期武装革命斗争的历史以及开展党史教育、爱国主义教育都具有重大的现实意义。1961 年，广州公社旧址被国务院公布为全国重点文物保护单位。1956 年，广州市人民政府把南楼辟为广州起义陈列室。1987 年，成立了广州起义纪念馆。

广州公社旧址

40. 中山纪念堂 （民国）

位于广州市越秀区东风中路，1926 年 1 月，中国国民党第二次全国代表大会决定在此兴建纪念堂与纪念碑，以纪念孙中山先生。由广州人民和海外华侨集资，1928 年李济深组织筹建，著名建筑师吕彦直设计，1929 年 1 月动工，1931 年 11 月建成。总体布局呈方形，坐北朝南，南面为一座三道屋宇式三孔大拱门，大礼堂正门上方，挂有“天下为公”四字横匾，是孙中山所书。主体建筑为一座八角形仿宫殿式大礼堂，高 49 米，直径 71 米，建筑面积 8 700 平方米，堂内有一个近似圆形的大会堂，钢筋混凝土结构。用墙壁中的四根大柱子支撑着四个大跨度的钢桁架，组成一个巨大的拱形屋顶，托起八个主桁架，组成一个八角亭子。内部结构异常坚固，空间极大，上、下两层共有 4 729 个席位，无一柱遮挡，讲台后墙镶嵌孙中山的浮雕头像和《总理遗嘱》刻石，堪称建筑艺术之杰作。正门石阶两旁植翠柏鲜花，广场开阔，绿草如茵；一对花岗岩雕成的云鹤华表，耸立其中，显得格外雄伟和庄严；四周红棉高屹，绿榕成荫，宁静又肃穆。

这里原是 1921 年孙中山任非常大总统时的总统府，1922 年陈炯明叛变时被炮火夷为平地。1945 年 9 月，驻广州地区的日本侵略军在这里签字投降。1998 年重铸的高 5 米的孙中山先生铜像屹立在孙中山纪念堂前面的广场。中山纪念堂是广州最具标志性的建筑物之一，是广州市大型集会和演出的重要场所，见证了广州的许多历史大事件。1996 年成立广州市中山纪念堂管理处负责对其进行管理。2001 年，中山纪念堂被国务院公布为全国重点文物保护单位。

中山纪念堂

41. 十九路军淞沪抗日将士坟园 （民国）

位于广州市天河区水荫路，由华侨捐资建成，坐西北向东南，占地面积 62 120 平方米。门楼是花岗岩石砌成的仿古罗马纪功式建筑凯旋门，主体建筑均用花岗岩石砌成，是一座富有古罗马建筑风格的陵园。规模宏伟，布局严谨，造型庄重，是为纪念国民革命军第十九路军淞沪抗日阵亡将士而建的陵园。林森、宋子文、蒋光鼐、蔡廷锴、戴戟、胡汉民等分别题词及撰写碑文。1938 年广州沦陷时，墓园遭到破坏，1991—2000 年全面修复。淞沪抗战是中华民族抗击日本侵略者的一次伟大战争，它延缓了日本企图侵占中国的步伐，激发了全国军民卫国御敌的斗志，开创了中国军队局部抗日的新局面，在我国抗日战争史上具有非常重要的意义。1981 年成立广州十九路军陵园管理中心负责对其进行管理，现已成为爱国主义教育基地。2002 年，十九路军淞沪抗日将士坟园被广东省人民政府公布为广东省文物保护单位。

十九路军淞沪抗日将士坟园

42. 荔湾冲口街道聚龙村

位于广州市荔湾区冲口街道垅西与招村之间，村内主体建筑已有百余年历史。全村分成 3 排，每排 7 座，每排房屋建筑规格基本相同，有独立别墅的形式，又保留了岭南古屋的风格。每座楼房都用水磨青砖建筑，砌以麻石墙脚，门框、窗框均用花岗岩制成。进入楼房大门是一座木屏风，大厅内到处可以看到精致的木刻。后厅正中的神楼雕刻最为精致，上方及两旁为通透木雕，下为浮雕图案。二楼凹形三面装饰彩色满洲窗，中间嵌以历史名人诗词佳句，别具风雅。其中 17、18、19 号民居由广东台山县冲云乡苍下村邝氏一族合资兴建，坐北朝南，砖木结构。村落民居对研究清末时期岭南民居建筑文化、邝氏族人在聚龙村建村及分布情况等提供了实物资料，有较高的历史价值。2002 年，聚龙村民居被广州市人民政府公布为广州市文物保护单位。

荔湾冲口街道聚龙村

43. 海珠华洲街道小洲村

位于广州市海珠区，是广州城区内具有岭南水乡特色的古村寨，被评为广东省生态示范村。小洲村南临珠江南河道，是珠江几千年来冲积形成的，占地面积 400.92 公顷（6 013.8 亩），境内河涌长达 10 千米。瀛洲生态公园与附近的果林共 1 300 多万平方米，素有广州“南肺”之称。这里至今仍保留着岭南水乡的小桥流水人家风貌，走进小洲村，就好像走进了一座民俗博物馆。民居沿河而建，居民枕河而居，随处可见的百年古榕浓荫蔽日，蚝壳屋见证着岭南的历史。走在村落里，河涌蜿蜒交错，造型各异的小桥枕溪流之上，庄重的祠堂规整有序，古老的宫庙朴实淡雅，传统的民居参差错落，在绿树婆娑的掩映下，像一幅具有岭南水乡特点的图画。昔日瀛洲八景中“西溪垂钓”“古渡归帆”和“翰桥夜月”景色都与村里传统建筑有直接关系。除了古道、古桥，村中最让人瞩目的是蚝壳屋，已有上百年的历史，曾经多达百余间。小洲的祖辈村民们因地取材，从海岸沙堤中挖出大量蚝壳，建造房子。用这种方式构建的屋子，冬暖夏凉，而且不积雨水、不怕虫蛀，很适合岭南的气候。瀛洲生态公园旁边有座已经荒废了的祠堂，祠堂的广场全部用条形青石板铺就；祠堂的石板缝里长满杂草，里面没有任何摆设，正堂牌匾上的雕花素雅自然，墙壁间仿佛写满了光阴的故事；祠堂高翘的屋檐，依稀可见当年雄伟俊俏的风采。村民们在重大的节日里聚集在祠堂中，或祭祀神明祖先，或商议村中事务。小洲村广州市界碑是民国时期广州市政府订立广州市范围所立的界碑之一。碑身四面分别刻有楷书文字，南面刻“广州市界”，按顺时针方向分别为“中华民国十九年立”“以对河中心线段为界”和“市区界石毁窃严究”。界碑是研究广州市地界范围的实物史料，2002年，广州市界碑被广州市人民政府公布为广州市文物保护单位，具有较高的历史研究价值。

海珠华洲街道小洲村

44. 花都区炭步镇塱头村

位于广州市花都区炭步镇，立村于元至正二十七年（1367年）现保存完整的明清时期青砖建筑有近200座，其中祠堂、书室、书院共有近30座，炮楼、门楼共3座。建筑尤以镬耳屋为代表，雅致且大方，建筑占地面积6万多平方米。村内还有20多条古巷，以及历史悠久的升平人瑞牌坊和青云桥。塱头村以古建筑品种多、保存建筑规模大及文化内涵丰富而著称，是广东保存规模最大的古村落之一。北宋末年（约1140年），村民先祖从南雄县珠玑巷南迁至广州北郊神山镇（今白云区），其后迁至此立村。村前地坪宽阔，上有3口古井及3口半月形水塘，面积约3.5万平方米。塘基种满荔枝树、龙眼树和榕树，村头、村尾、村后有数棵参天古榕和木棉树。在友兰公祠的门匾上方，有一幅壁画，画中有四棵白菜，立意非常深刻：先祖们认为即使粗茶淡饭也要供孩子读书。果然，这家人“七子五登科，父子两乡贤”，为此皇帝恩赐两道楹联，带动全村好学成风。村东头有青云桥和红棉树，青云桥建于明正德二年(1507年)，桥洞宽4米，深11米，花都民谣中提到的“塱头桥、茶塘庙”中的“塱头桥”指的就是塱头村的青云桥。离青云桥不远，有一棵高大的木棉树，已经有五六百年的历史，是广州最古老的木棉树之一，它已经成为塱头村的象征。2015年，塱头村古建筑群被广东省人民政府公布为广东省文物保护单位，包括友兰公祠、乡贤栎坡公祠、留耕公祠、云伍公书室。

花都炭步镇塱头村

45. 从化太平镇钱岗村

位于广州市从化区太平镇钱岗村，已有800多年历史。古村内有广裕祠，已被列为全国重点文物保护单位，在中国古村落群中具有极高的历史文物价值。广裕祠是与北京故宫同年修建的，已有600多年历史。钱岗古村西更楼有一木雕封檐板，名叫“江城图”，其内容反映了清代康乾盛世时广州珠江北岸20余千米的人文景观和自然风貌，雕工精湛，这件无价之宝被文物专家称为广州的“清明上河图”。钱岗古村有三宝：狮头石、祠堂井、老榕村。全村有9间书院，3座祠堂，4座更楼。东面门楼前有个三门牌坊，经牌坊可出入古村。古村共有4个门楼：东叫启廷门，西为镇华门，南为震明门，北为迎龙门(此门最具特色，因为它的阁楼高于其他的门楼)。古村内的巷子多又深，巷道以鹅卵石铺砌，迂回曲折。现存的古代房屋绝大多数为明代所建，现已少人居住，其错落复杂，但并不凌乱，房舍、祠堂、棚厅、水池等一应俱全，错落有致的旧民居中夹杂着一两座祠堂和零星的石井，给人一种追溯感。这是保存得较为完整的广府民居典型代表。钱岗古村居民大多姓陆，据考证，是南宋名臣陆秀夫之后裔。

陆秀夫为南宋抗元名臣，和文天祥、张世杰一起被后人称为“宋末三杰”。南宋祥兴二年（1279 年），宋军在崖山（今广东新会南）为元军所败，陆秀夫宁死不降，毅然负帝投海而亡，悲壮献身。

从化太平镇钱岗村

（二）新兴移民城市——深圳

深圳最早的前身为广州府宝安县，“深圳”地名始见于史籍为明永乐八年（1410 年），清朝初年建墟。当地方言俗称田野间的水沟为“圳”或“涌”，深圳正因其水泽密布，村落边有一条深水沟而得名。原有四个民系杂处，客家、广府、福佬（潮汕）与疍家人，其中客家人居多。先秦时期，广东地区居住的是被称为“南越”（百越的一支）的少数民族，包括壮族、畲族和疍家人等。深圳是南越部族远征海洋的一个驻脚点。居殖在深圳沿海沙丘、谷地区域的南越部族以捕鱼、航海为生，甚少农垦。1979 年成立深圳市，1980 年成为中国设立的第一个经济特区，如今的深圳是中国改革开放的窗口和新兴移民城市，创造了举世瞩目的“深圳速度”。深圳现有全国重点文物保护单位 3 处、广东省文物保护单位 15 处。主要名胜古迹有古建筑、近现代重要史迹及代表性建筑。

如明清时期的海疆所城和清末的界碑，令人们感受到古代将士们的艰苦岁月以及人民因当年的不平等条约所遭受的屈辱。东江纵队的雄起令世人为之瞩目，他们的英勇与中国文化名人大营救的大行动一样齐名。

1. 大鹏所城 （明、清）

位于深圳市大鹏新区南门西路大鹏古城村。平面略近梯形，占地面积约 10 万平方米。现存东、南、西三个城门及东北约 300 米城墙基址。城内主要街道有南门街、东门街、十字街和正街，用石板铺砌。大鹏所城始建于明洪武二十七年（1394 年），全称为“大鹏守御千户所城”，清顺治十三年（1656 年）在此设“大鹏所防守营”，康熙四十三年（1704 年）改为“大鹏水师营”。康熙十年（1671 年），四座城楼被飓风毁坏，康熙二十年（1681 年）以后，四座城楼及城墙、城内建筑日渐倾圮。道光年间（1821—1850 年），大鹏所城又被修葺一新。城内的赖世超将军第、赖信扬将军第、赖英扬振威将军第与赖绍贤将军第均建于清代中期；赖恩爵振威将军第建于道光二十四年（1844 年）；刘起龙将军第建于道光年间（1821—1850 年）。香港被割让后，大鹏所城逐渐失去其军事防御作用，成为当地居民的聚居地。

大鹏所城整体保持明代格局。北门已坍塌，东、南、西三个城门尚存，墙垣为砖石结构，长约 1 200 米，城外东、南、西三面环绕着深 3 米、宽 5 米的护城河。所城东西长 345 米，南北长 285 米，城楼为木瓦结构。大鹏所城是我国东南沿海地区保存最为完整的明代所城之一，是明清时期管辖珠江口外洋东部海路的军事机构，在抗倭御英、保疆卫国的战争中发挥了重要的作用。1995 年，被公布为广东省爱国主义教育基地。1996 年，成立了“大鹏古城博物馆”。2001 年，大鹏所城被国务院公布为全国重点文物保护单位。

大鹏所城城门

2. 南头古城垣 （明、清）

位于深圳市南山区南山大道，是深圳最古老的城，如今称“新安古城”，俗称“九街”，为历代岭南沿海地区的行政管理中心、海防要塞、海上交通和对外贸易的集散地，亦是深港澳地区的历史源头。现存的南头古城始建于明洪武二十七年（1394 年），原为东莞守御千户所城。古城呈不规则的长方形，枕山面海，四周原有壕沟围绕，城垣范围东西最长为 680 米，南北最宽为 500 米。现北城墙尚存一段高低不等、断断续续的遗址，北墙的北城门、西城门被毁，东城门虽存但已改为石块构筑，唯南城门保存完好。古城内六纵一横的道路网与自然地势完美结合，辟有县前街、显宁街、永盈街、聚秀街、和阳街、迎恩街、五通街、牌楼街、新街 9 条街道，故当地民众俗称南头古城为“九街”。2002 年，南头古城垣被广东省人民政府公布为广东省文物保护单位。

南头古城垣

3. 鹤湖新居 （清）

又称鹤湖围，位于深圳市龙岗区龙岗街道南联社区罗瑞合北街。鹤湖新居由广东兴宁客家人罗瑞凤创建，建于清乾隆年间（1736—1795

年），至道光年间（1821—1850 年）整体建成，被誉为“客家第一围”。整座建筑由内外两围环套而成，围屋面宽 165.9 米，后宽 116.3 米，进深 104 米，占地面积 14 432 平方米，总占地面积（包括半月池、禾坪）约 2.5 万平方米。以祠堂为中心，府第式三堂二横，墙体结构下为三合土夯筑，上有少量泥砖。有 300 多间房屋，阁、楼、厅、堂、房、井、廊、院、天井等互相关联，有“九天十八井、十阁走马廊”之称，布局错落有致，属客家建筑的晚期形式。鹤湖新居是中国目前规模最大的客家围村建筑群，也是客家民居建筑艺术的结晶，体现了深圳本土客家人勤劳勇敢、自耕自足、奋斗不息的精神，还是深圳现存 300 多座客家围屋中保存最完整、最具代表性的一座，为研究历史、文化、民俗和建筑等提供了重要的依据。经修缮后的鹤湖新居围墙高大坚固，月池整洁明净，古树苍劲朴实。1996 年，鹤湖新居被辟为客家民俗博物馆。2002 年，鹤湖新居被广东省人民政府公布为广东省文物保护单位。

鹤湖新居

4. 中英街界碑 （清）

位于深圳市盐田区沙头角街道中英街上，被列入文物构成的是中英街 8 块界碑中属于深圳管理的 5 块，分别为 1 号、2 号、3 号、4 号和 7 号界碑，分布于中英街街心，均用青灰色花岗岩石凿制，外观上小下大，纵剖面呈梯形。露出地面的碑身高 30 ～ 70 厘米。各碑面向中方一侧的碑身一律从右到左横刻“光绪二十四年　中英地界　第 × 号”字样，面向香港一侧横刻英文“ANGLO-CHINESE BOUNDARY 1898 NO.×”，其中 1948 年重新竖立的界碑上刻有“中华民国三十七年四月十五日重竖”字样。清光绪二十四年（1898 年）3 月，英国以法国租借广州湾为借口，向清政府提出展拓香港界址的要求。同年 6 月 9 日，李鸿章、窦纳乐分别代表中、英政府在北京签订了《展拓香港界址专条》，英国强租新界，租期 99 年。英国人随后竖立了界碑，以此为界线，将 1898 年刻立的“光绪帝二十四年　中英地界　第 × 号”的界碑立于街中心，由此沙头角被一分为二，东侧为华界沙头角，西侧为英（港）界沙头角。清光绪二十五年（1899 年）3 月 18 日，中英双方勘定新界北部陆界，划沙头角（原名桐芜墟）内干涸河底的中线为界线，并于光绪二十八年（1902 年）树立海域界碑，于光绪三十一年（1905 年）改为陆域界碑。1941 年，日本侵略者占领香港后以“妨碍交通”为名，把其中的 3 号至 7 号界碑拆除。1948 年经中英双方踏勘后，重新将界碑竖立原处。界碑既是 19 世纪末英帝国主义侵略、瓜分中国领土的历史见证，又是香港回归祖国并实施“一国两制”和中国走向繁荣的历史见证，同时也是深港两地经济发展、文化交流的历史见证，具有特殊的历史和社会文化价值。2019 年，中英街界碑被国务院公布为全国重点文物保护单位。

中英街界碑

5. 土洋村东江纵队司令部旧址 （1943年）

位于深圳市龙岗区葵涌街道土洋村，现存建筑原为天主教堂，包括在清代民居门前加建骑楼改建而成的旧堂，以及 1912 年兴建的新堂。旧堂建筑有一厅一厢房，楼上有阳台，东侧有一座平房，为礼拜堂。1912 年兴建的新堂，坐北朝南，包括主楼、礼拜堂、马厩等。主楼居中，砖木结构，大门设砖拱门廊，尖山式硬山灰瓦顶。主楼东侧为单层礼拜堂，正门设有意大利风格的砖拱门廊，砖木结构，尖山式硬山灰瓦顶。新堂主楼为两层的土木建筑，又叫神父楼，为神父的寝室，高 9.8 米，宽 11.4 米，进深 7.75 米，外观与装饰颇具西洋建筑的色彩。1943 年 12 月，遵照党中央的指示，广东人民抗日游击队东江纵队正式公开宣布成立，该旧址建筑（旧堂）成为东江纵队司令部所在地，主楼为领导人工作和居住的场所，礼拜堂则作为会议室和作战室，附属用房改为工作人员的工作用房。1944 年 8 月，中共广东省临时委员会和东江军政委员会在该旧址建筑内召开联席会议，即“土洋会议”，讨论中央关于东江纵队开展敌后游击战争的指示、加强广东党组织的建设和军队建设、全面发展广东的抗日武装斗争。1945 年 5 月，东江纵队司令部迁往罗浮山冲虚古观。旧址作为见证广东人民英勇抗日的重要物质载体，对于研究东江纵队及华南抗战的历史具有重要的价值。2019 年，土洋村东江纵队司令部旧址被国务院公布为全国重点文物保护单位。

土洋村东江纵队司令部旧址

6. 龙岗大鹏镇鹏城村 （明）

位于深圳市龙岗区大鹏半岛，南临大亚湾，背靠排牙山，始建于明洪武二十七年（1394 年），是明清两代南中国海防军事要塞。明初建立了“卫”“所”的军事制度，“卫”“所”是最基本的军事编制单位，最初一卫编制 5 600 人，每卫设前、后、左、中、右 5 个千户所，千户所一般是 1 120 人的编制。明洪武十年（1377 年），明朝政府在东莞县城南设立了南海卫，后来盗匪和倭寇横行，朝廷增设了大鹏千户所，修筑了大鹏所城。大鹏所城从海路与东莞守御千户所（南头古城）一起扼守珠江口，战略地势险要。为了抗击倭寇而设立的“大鹏所城”（深圳别称“鹏城”，即来源于此）是广东省不可多得的大型古建筑，是中国海防军事要塞，在明清时期抵御外国殖民侵略、守卫南中国海岸线中起了重要的作用，被誉为“省会门户”。百年前，清军水师大鹏营赢得了九龙海战的胜利，形成了当地的文化脉络。鹏城村在明清时期共出了十几个将军，因此享有“将军村”的美誉。村中建筑以抗英名将赖恩爵的振威将军第最为壮观，有近 150 年的历史，拥有数十栋屋宇、厅、房、井、廊、院等，其牌匾众多，雕梁画栋，美轮美奂。古城雄伟庄重、风格古朴，城门（南门、东门、西门）和明清时期民居保存完好，狭窄蜿蜒的小巷以青石板铺就，宁静古朴，城内还有侯王庙、天后宫、赵公祠、参将署等一批古迹，引人入胜。

龙岗大鹏镇鹏城村

（三）广府人走向海外的重要起航地——珠海

珠海历来属于广府地区，大部分地区自南宋起至民国时期属中山县（原名香山县）辖地。广府人是开创岭南文化的重要群体，珠海是广府文化的代表城市之一，是广府人走向海外的重要起航地之一，是中国最早设立的经济特区之一。现有全国重点文物保护单位 3 处、广东省文物保护单位 24 处。主要名胜古迹有海岛遗址与近代的家宅以及反映日军暴行的罪证材料。海岛遗址是岛民劳作的生活见证；陈芳家宅则是其繁盛与衰落的象征；至于日军的暴行，三灶岛所存在的证物是其事实的反映，一桩桩、一件件，都是血泪的控诉。

1. 宝镜湾遗址 （新石器至青铜时代）

位于珠海市金湾区南水镇高栏岛西南部的宝镜湾沙丘与山岗上，面积约 1 万平方米。1989 年 10 月，由珠海市博物馆的考古工作者发现。1997—2000 年，珠海市博物馆、南京大学历史系、广东省文物考古研究所联合试掘和发掘，出土了新石器时代晚期至商周时期的陶器、石器、玉器、水晶器等遗物及居住遗迹。100 多件网坠及重达 18.5 千克的石锚，反映了史前居民渔业生产的特征。遗址附近有 5 处共 7 幅摩崖石刻岩画，分别是“宝镜石”“藏宝洞”“大坪石”“天才石”“太阳石”等。画面内容与遗址之间有某些内在的联系，说明这是一处以捕捞业为主的海岛型遗址。宝镜湾遗址出土的器物，对于研究环珠江口的史前文化具有重要的标尺作用。宝镜湾岩画中的人物形象、以大船为中心的密集神秘图案，对研究南方沿海这一时期的祭祀活动、宗教信仰、图腾崇拜具有重要的意义，是研究广东乃至华南地区古代人类生产、生活及迁徙

宝镜湾遗址

等课题的重要资料。2006 年，宝镜湾遗址被国务院公布为全国重点文物保护单位。

2. 陈芳家宅 （清）

位于珠海市香洲区前山街道梅溪社区，包括陈氏大宗祠、梅溪大庙、乡约石碑、梅溪石牌坊和陈芳家族墓。陈氏大宗祠坐东南向西北，占地面积 1 070.1 平方米，是当年梅溪村陈氏家族供奉祖先的地方，现被辟为展馆。梅溪大庙是当年供奉佛祖，为村民做法事的场所。乡约是当年梅溪村民集会、制订村规民约、教育子弟的场所，现仅存前壁石碑一块，记录了陈芳当年捐赠土地二十块约 7 000 平方米，作为三个建筑物管理维护、教师及僧人的费用，并告诫子孙后代任何时候不得收回此项捐赠，乡邻等不得占为私有或者转卖的情况。石碑对研究陈芳家族史有重要历史价值。梅溪石牌坊建于清光绪十二年（1886 年）和光绪十七年（1891 年），坐东南向西北，现存西“乐善好施”、东“乐善好施”“急公好义”3 座牌坊和 1 座台基，占地面积 383 平方米，是光绪皇帝为表彰陈芳及其父母等亲人为家乡多做善举而赐建，为广东石建筑中的珍品，具有很高的建筑和艺术研究价值。陈芳家族墓分别建于清光绪三十二年（1906 年）、1924 年和 1937 年，坐北向南，东西长 120 米，南北宽 150 米，占地面积 1.8 万平方米，由“胜地佳城”碑刻、陈芳家族墓地（陈芳及夫人和两位妾室、陈芳三子陈赓虞、长孙陈永安等人的墓）、六角亭、石板路等组成。西洋风格的墓园在当地少见，对研究香山华侨史及清代香山葬俗有着重要的意义。2006 年，陈芳家宅被国务院公布为全国重点文物保护单位，现为陈芳家宅旅游景区。

梅溪石牌坊

3. 三灶岛侵华日军罪行遗迹 （民国）

位于珠海市金湾区三灶镇，含万人坟、千人坟、日军慰问所、日军“慰灵”石刻、碉堡、机场遗址等，是日军侵华的重要罪证，其中日军慰安所在文物保护单位中鲜见，对研究历史，特别是研究日军侵略华南地区及华南人民抗日活动，以及对教育后人有重要的价值和意义，是爱国主义教育基地。“七七”卢沟桥事变后，日本帝国主义发动了全面的侵华战争。1938 年 1 月 17 日，日军 6 000 多人在三灶岛莲塘湾登陆，日军登陆后在岛的南部修建飞机场，设立以藤田中将为首的由海军、陆军、空军组成的司令部，把三灶岛作为侵略华南的军事基地。日军为其军事上的需要，在三灶岛进行了血腥的大屠杀，是年农历三月十二日，日军洗劫鱼弄村，386 人遭枪杀；十三日，日军烧毁了上表、邓家湾等 36 座村庄和 164 艘渔船，他们在全岛施行灭绝人性的“三光政策”；十四日，日军又将抓来的男女老少，2 000 多人分别在草堂沙岗、莲塘湾沙滩、春园祠堂、石湾关帝庙前、鱼林先锋坑、青湾等地进行集体枪杀。短短三天内，岛上北部村落被焚为焦土，尸横遍野，惨绝人寰。在沦陷的八年中，日军杀害三灶同胞 2 891 人，还饿死 3 500 人，同时还将从朝鲜，以及台湾、万山、横琴等地抓来修机场的 3 000 多名民工秘密杀害，日本投降后，逃离的群众陆续返岛。1948 年，由村民、华侨和港澳同胞集资，收拾死难同胞骨骸埋葬，1979 年将骨骸迁葬。2013 年，三灶岛侵华日军罪行遗迹被国务院公布为全国重点文物保护单位。

三灶岛侵华日军罪行遗迹

4. 斗门区斗门镇南门村

斗门斗门镇南门村位于珠海市斗门区斗门镇黄杨山下。接霞庄在南门村新围，约53500平方米，始建于道光年间，在此建了三间土墙房屋定居。其后子孙繁衍，营商者多，而致仕者亦众，居所大增，至同治年间，已建起带有厢房、书房、画廊、花厅、附间等的青砖石础大屋14栋；至光绪中期，增至26户，环境建设亦日臻完善。庄内有长132米、宽4.30米的石板街，有一幢设有72个门口、占地1000平方米的崇基堂，有文馆、武馆和马房、暖阁，又有亭台楼榭、荷池幽径、曲桥廉船。正门设在东南方，面对霞山及霞山祖庙，故取名叫“接霞庄”，又称“接霞里”。是一个既有中国传统特色又融入西洋风格，幽静得近乎封闭的村落。村外设有护城河，村内建筑气派，成为广东独树一帜的古村落。毓秀古村是南门村一自然古村落，占地面积5万平方米，现存古典院落31座，占该村八成五以上，是个人杰地灵之地，建于清光绪二十九年(1903)至民国二十五年(1936)，是清一色清末民国初的青砖瓦房，建筑风格统一，布局整齐，横街直巷，大门朝东，横门朝西。一百多年来，虽然社会变迁，但建筑格局基本变化不大，还保留原来的古典模式。菉猗堂全名为南门赵氏祖祠菉猗堂，又称菉猗祠、南门菉猗堂、赵氏菉猗祠，占地427平方米。由五幢建筑物及祠堂前的一片空地所组成，始建于明景泰五年(1454年)，清代乾隆年间修复，颇具地方风格，2008年广东省人民政府公布为广东省文物保护单位。该村的一个特点是先有祠堂后建村。

斗门区斗门镇南门村的菉猗堂

（四）广府文化的核心区域——佛山

佛山古称“季华乡”，“肇迹于晋，得名于唐”。初期季华乡包括今祖庙街道、石湾街道、桂城街道、北滘镇、乐从镇、陈村镇。唐贞观二年（628 年），乡人在城内挖掘出三尊佛像，以为是佛家之地，故名佛山。佛山是广府文化的核心区，有粤剧、陶瓷、剪纸、秋色等传统文化，历史上是中国天下四聚、四大名镇之一，有“陶艺之乡”“武术之乡”“粤剧之乡”之称，是中国龙舟、龙狮文化名城，粤剧发源地。1994 年，佛山被公布为第三批国家历史文化名城，现有全国重点文物保护单位 8 处、广东省文物保护单位 63 处。主要名胜古迹有古遗址的山岗、贝丘、窑址、寺庙、洞穴采石场等，古墓葬有名人墓，古建筑有庙宇、园林、古建筑群和近现代重要史迹及代表性建筑的名人故居、工业遗产等，还有别具特色的传统村落。较重要的名胜古迹是西樵山采石场遗址、古椰贝丘遗址、河宕遗址、南风古灶和高灶陶窑、祖庙、清晖园、康有为故居等。传统村落以南海的烟桥村、顺德的逢简村、三水的大旗头村最具代表性。

1. 西樵山遗址　（新石器）

西樵山位于佛山市南海区西南部，是一座具有 4.5 万年历史的死火山，山体外陡内平，状如莲花簇瓣，直径 4 千米，周长约 13 千米，面积 14 平方千米，有 72 座峰峦，以大科峰（海拔 344 米）为最高，是广东四大名山之一，是国家 AAAAA 级旅游景区、国家重点风景名胜区，有云泉仙馆、白云洞、南海观音文化苑、黄大仙圣境园、宝峰寺、33 座名亭、字祖庙、奎光楼和天湖公园景区、石燕岩景区、九龙岩景区等景点。西樵山是我国华南史前时期最大的石器制造场，被称为“珠江文明的灯塔”，有细石器加工场和双肩石器加工场，共有 18 个地点，含旋风岗、火石岗、太监岗和佛子庙、马鞍山、张坑村、镇头、富贤村、锦岩、虎头岩等遗址，出土石器有石核、石叶、雕刻器、刮削器、刀、镞、斧、锛、凿、铲、矛形器、锤、砧、球、敲砸器等，以及陶器釜、罐、盘、纺轮等，开创了珠江文明之先河。西樵山采石场遗址与山西怀仁鹅毛口一起被列为我国新石器时代南北方两大石器制造场。其双肩石器形成独特的“西樵山文化”，是环太平洋南部的遗物，反映了华南地区古代文化与东南亚、南亚地区及太平洋古文化的密切关系，西樵山文化的外向型特征和它所处的地理位置，已超越了今天的国界，成为环太平洋文化的一员。1978 年，西樵山遗址被广东省人民政府公布为广东省文物保护单位，现由西樵山风景区管理。

西樵山遗址

2. 古椰贝丘遗址 （新石器）

位于佛山市高明区荷城街道泰兴古椰村东北面黄涌桥附近鲤鱼岗侧，属新石器时代晚期遗址，面积约 4 万平方米，文化层平均厚度为 0.55 米，含大量贝壳。2006 年挖掘了 1 000 多平方米，出土有石器、陶器，其中石器有双肩锛、双肩铲和砺石等，陶器有夹砂粗陶釜、罐、圈足盘等，还有骨针、骨环和贝玦。古椰贝丘遗址考古的主要收获：第一，古椰位于三水盆地的边缘，地理位置独特，可分为早晚衔接、连续发展的两期，填补了珠江三角洲地区新石器时代晚期考古学编年体系的空白，是一个新的考古学文化类型；第二，出土有大量的动植物遗存。植物遗存目前已甄别出大于 0.5 厘米的植物种子和果实 20 科 25 种，如橄榄、南酸枣、苦楝等，其中有的是新发现的；动物遗骸有两栖类和水生动物的淡水龟、鳖类和硬骨鱼类，其中鲶鱼科和鲈鱼科等的种属可辨。陆生动物有野猪、鹿、牛、狗和亚洲象等。这些水生动物和陆栖动物遗存与肇庆茅岗建筑遗址、佛山河宕遗址等所出土的大多相同，陆生动物多属家养，为揭示珠江三角洲地区新石器时代中晚期居民经济的多样性和古生态环境的研究，增添了宝贵资料。古椰贝丘遗址的年代在距今5000—4300年前后，2007年被评选为“2006年度全国十大考古新发现”。2013年，古椰贝丘遗址被国务院公布为全国重点文物保护单位。

古椰贝丘遗址

3. 河宕遗址　（新石器）

佛山市禅城区石湾镇街道以北的大帽岗是一片低矮山岗，面积约1万平方米。1977—1978年发掘了776平方米。考古发现其第二、第三层为文化层，文化层厚1～2.2米。堆积中含大量贝壳。遗迹有红烧土硬面、灶坑、灰坑、柱子洞、墓葬等，清理墓葬77座，为东西向竖穴土坑，大部分无明显坑壁，人骨架作仰身直肢状。该遗址的发现有四个较为重要的收获：一是陶器的主要器形是釜、圈足罐、黑皮圈足盘，陶器纹样是各种云雷纹、叶脉纹、规整曲折纹、双线方格凸块纹等，陶器上还有44种刻画符号（陶文），把石湾的制陶历史提前了2000多年；二是石器中的双肩石器，部分是西樵山的霏细岩石料，说明河宕遗址受到西樵山文化的强烈影响；三是墓葬中多具人骨有拔牙现象，男性墓头向西，女性墓头向东，这种葬制是探讨河宕遗址族群的重要资料；四是河宕遗址的年代为距今4500—3500年，可分为两期，对于研究同类遗存及西樵山文化晚期的年代极为重要。这为探寻珠江三角洲地区的古代文化面貌奠定了基础。鉴于其与周边遗址的文化关系，河宕遗址具有显著的代表性和典型性，发现者将其文化底蕴定名为“河宕文化”。1989年，河宕遗址被广东省人民政府公布为广东省文物保护单位。

河宕遗址

4. 西华寺遗址 （五代至清）

位于佛山市南海区里水镇草场西华村，是宋元两代羊城八景之一“石门返照”的重要组成部分。西华寺始建于南汉大宝元年（958年）。南汉时，佛教重新兴盛，进入北宋以后，该寺庙已发展成著名的寺院，是石门山地区的重要地标。西华寺遗址是始建年代最早的寺庙建筑遗址，对研究岭南五代以来佛教寺庙的建筑形制与演变及佛教历史的发展具有相当的价值。遗址内发现了柱础、台阶、基座、散水等建筑遗迹，出土了板瓦、兽面纹瓦当、脊瓦饰、鸱瓦等大量的建筑构件及晚唐至清代的各式瓷片，还有刻“玉清宫使德陵使”铭文的南汉残碑等。结合发现的明成化十年（1474年）《石门山重建西华寺碑》及清代《重修西华古寺碑》残碑，推断西华寺在五代时期不仅是一座官寺，更是宋明时期珠江三角洲地区最有影响力的庙宇之一，历经1 000余年，先后经历了5次修葺。

除了西华寺的历史沉淀深厚外，还意外地发现了宋代古井——贪泉的确实位置，也证实了贪泉在西华寺旁的说法。2015年，西华寺遗址被广东省人民政府公布为广东省文物保护单位。

西华寺遗址

5. 南风古灶、高灶陶窑 （明）

位于佛山市禅城区石湾镇街道，是同处一个地点的两座烧造陶瓷的窑口。这两座窑坐落在石湾窑区中，南风古灶在东，高灶在西，两窑相距20米。南风古灶陶窑属龙窑，建于明正德年间（1506—1521年），高灶陶窑为同时期之龙窑，是石湾古代窑穴中具有典型性和代表性的窑口。南风古灶陶窑因窑体依山势向南伸展、窑口向南而得名。窑腔用小型红砂岩砖结砌，券顶。窑内平面呈船底形，头、尾略窄，中部稍宽。总长32.6米，宽2～2.4米，通高1.8～2米，全窑平均倾斜度为12度。高灶陶窑总长38.25米，原为42排火眼，新中国成立后改为33排，其他结构与南风古灶相同。两窑传为龙凤窑，原为古代“大盆行”陶业的专业窑，以烧制日用大盆产品为主。历代窑工对南风古灶与高灶进行改造并沿用至今，仍保留传统技艺生产，被称为“陶瓷活化石”，500年窑火不绝、生产未断，是世界上使用时间最长的柴烧龙窑，也是世界上保存历史最为久远、保存形态最好的古代龙窑。石湾陶瓷基地形成于唐宋时期，今石湾陶业始于元代，发展于明代，清代达到全盛期，最多时共有107座窑，民国时期至今仍在生产，以人物及日用陶瓷著称。石湾陶业有“石湾之陶遍两广，旁及海外之国”之称，赢得了“石湾瓦，甲天下”之美誉，是我国南方陶瓷生产技术承前启后的里程碑。南风古灶、高灶陶窑对研究石湾制陶业的专业化生产与发展、龙窑结构及烧制陶器技术之演变有重要的科学价值。2001年，南风古灶、高灶陶窑被国务院公布为全国重点文物保护单位，现已开发为国家AAAA级旅游景区。在景区内有光明灶古窑遗迹及林家厅、高庙偏厅等文物建筑，2004年由广东石湾陶瓷博物馆进行管理。

南风古灶与高灶陶窑

6. 西樵山采石场遗址 （明、清）

位于佛山市南海区西樵山狮脑峰东南，因洞内曾盛产石燕，初称“石燕岩采石遗址”，包括采石所形成的“天窗格”“石屏风”“石祠堂”等处。西樵山下有村名“石岗圩”，因当年石匠在此采石到山下圩场进行贸易而得名。石质多为红色粗面岩，西樵附近一带的建筑、舂臼、石柱、夹柱石，均是此种石料。初期多为露天开采，后期发展为洞穴开采，以斜井掘进采石，“天窗格”就是通过此种方法开采而形成的，洞内人工采石痕迹明显，洞中有开采石料留下的支撑柱，把洞分成内外两进，因长年累月开采及天长日久受侵蚀风化积水成湖，可泛舟而进，洞内存在大量的人工开采遗迹及已经开采出来尚未运走的石材，是目前国内少有的保存完好的采石场遗址，也是国内少有的因突发事件定格的历史遗存，面积约 6 万平方米。西樵山采石场遗址对于研究明清时期珠江三角洲的建材来源、矿冶开采技术等具有重要价值，其保存状况也为丰富水下考古和水下文化遗产保护工作的类型、建立多元化的水下考古学科建设、开展更深入的研究提供了良好的平台。这处国内罕见的水陆结合文化遗址面积宽广，使用年代较长，由于内洞主要的采石工作面被水体淹没，避免了自然风化和人为破坏，其水下遗存，如开采痕迹、开采工具、生活用具、石料半成品等相当丰富，并且还保持着原样，真实性、完整性极高。2019 年西樵山采石场遗址被国务院公布为全国重点文物保护单位。

西樵山采石场遗址

7. 方献夫墓 （明）

位于佛山市南海区丹灶镇良登村孔边岗，坐东北向西南，原位于西樵镇大岗山，1992 年迁至孔边村后山。墓外立有迁来的神道碑。

方献夫（1485—1544 年），字啬翁，一说字叔贤，丹灶良登孔边村人，是遗腹子，自幼生而孤，勤苦力学，不畏寒暑，天聪胜人，明弘治十八年（1505 年）中进士，改庶吉士。其母去世后，方献夫回乡守孝三年。明正德四年（1509 年），授礼部主事，后调至吏部，进员外郎，与主事王守仁论学，悦之，遂拜王守仁为师。官吏部历验封文选诸司，主事员外郎皆称职，发表关于“皇位继承”的理论被认为正确，从七品官提升为五品官，曾任明嘉靖年间（1522—1566 年）光禄大夫、柱国少保、太子太保、吏部尚书、武英殿大学士，位同宰相，被尊称为“方阁老”。后寻谢病归，于西樵山中读书 10 年，是南海著名的历史人物。方献夫在西樵山设石泉书院讲学时，将制饼方法传授给山民，加上西樵山上有好泉水，制出的西樵大饼更可口了，又因为大饼形如满月，有花好月圆的好寓意，因此西樵人逢嫁娶等喜庆都以此作礼品送人，这个传统风俗一直保持到现在。

方献夫墓对研究佛山及方献夫历史具有重要价值。2015 年，方献夫墓被广东省人民政府公布为广东省文物保护单位。

8. 佛山祖庙 （明、清）

位于佛山市禅城区祖庙路，始建于北宋元丰年间（1078—1085 年），历元至明，皆称祖堂，又称祖庙，其实就是北帝庙。最初又叫“龙翥祠”，祠庙并称，亦庙亦祠。元朝时毁于战火，明洪武五年（1372 年）重建。明正统十四年（1449 年），敕封为“灵应祠”，并建灵应牌坊。明景泰二年（1451 年）扩建，塑北帝铜像。自此，祖庙由民间祭祀之地变成官方祭祀之地。清光绪二十五年（1899 年）进行大修，至今仍保持着百年前的艺术建筑风貌。主体建筑沿南北中轴线排列，从南而北依次为万福台、灵应牌坊、锦香池、钟鼓楼、紫霄宫三门、前殿、正殿和庆真楼。整体坐北朝南。锦香池于明正德八年（1513 年）开凿，初为土池，清雍正年间（1723—1735 年）改建为石池，池中有象征北帝的石雕龟蛇像。万福台始建于清顺治十五年（1658 年），高 2.07 米。台前有宽阔的石铺场地。东西两侧是两层式长廊。三门是整座神庙的门面，面宽九开间，顶端有一条 1 米多高的陶塑人物瓦脊，全长 32.02 米。大殿又名紫霄宫，前殿建于明宣德四年（1429 年），正殿是主体建筑，是最重要和最早的建筑物，洪武五年（1372 年）重建，是现存古建筑中少见的宋式斗拱实例。建筑装饰大量采用了陶塑、木雕砖雕、灰塑等，其中在建筑中应用的陶塑瓦脊共有六条，大殿三门前两侧砖雕雕刻细腻，层次多，构图集中概括，主体感强，雕刻工艺娴熟，极富于装饰性，其制作工艺令人惊叹。殿内置有明正统年间（1436—1449年）制作的真武大帝（北帝）铜造像，是祖庙供奉的主要神像；陈设了许多珍贵的文物，如唐贞观二年（628年）款阳文“禅城”碑刻、元“龙翥祠重浚锦香池水道记”碑、明宣德五年（1430年）“重建祖庙”碑、明万历八年（1580年）“重修真武庙”碑记、清康熙“北帝玉玺”，70件33种铜铁兵器、仪仗，直径1.31米的巨型铜镜、大型铜鼎、铜钟和铜香炉，以及大铁鼎、铁栏板等，反映了明清时期佛山高超的工艺技术。整体布局规整庄严，疏密有致，严格遵守中国古代园林建筑的原则。1959年成立佛山市博物馆负责对其进行管理。1996年佛山祖庙被国务院公布为全国重点文物保护单位。2008年，由佛山祖庙文物管理所、佛山祖庙博物馆负责管理。

佛山祖庙

9. 清晖园（清）

位于佛山市顺德区清晖路，原为明末状元黄士俊府第花园，清乾隆年间（1736—1795年），由进士龙应时购得。经龙氏五代人的多次修建，逐渐形成了格局完整而又富有特色的岭南园林。现存建筑主要建于清嘉庆年间（1796—1820年），取名“清晖”，意为和煦普照之日光，喻父母之恩德。建筑坐向不一，追求不对称的自然之趣，明暗、大小对比形成繁多的观赏空间。清晖园荟萃了亭、榭、堂、轩、馆、楼、阁、廊、舫等古典园林建筑形式。水乡风格鲜明，水景比重大，运用岭南花木水果图案和灰塑、木刻、蚀色玻璃等形式，其布局能因地制宜，环境以清幽自然、秀丽典雅见称。构筑精巧，布局紧凑，建筑艺术水平颇高，蔚为壮观。其形式轻巧灵活，雅致朴素，庭园空间主次分明，结构清晰，尽显岭南庭院雅致古朴的风格，园中有园，景外有景，步移景换，集明清文化、岭南古园林建筑、江南园林艺术、珠江三角水乡特色于一身，具有很高的历史、文化价值。清晖园与佛山梁园、广州余荫山房、东莞可园并称广东四大名园。2000 年成立清晖园管理处负责对其进行管理。2013 年，清晖园被国务院公布为全国重点文物保护单位。

清晖园

10. 东华里古建筑群（清、民国）

位于佛山市禅城区福贤路。西面不远处有全国重点文物保护单位佛山祖庙和广东省文物保护单位简氏别墅与文会里嫁娶屋。建筑群占地面积 6 700 平方米，主街道全长 112 米，包括伍氏宗祠、招氏宗祠、招雨田祠及招氏敬贤堂、招氏家族宅第、骆氏家族宅第和大小巷道等建筑，是清代佛山典型的住宅建筑。东华里原名“杨伍街”，清初，房屋为杨、伍两姓富户所有，今街内仍有杨姓及伍姓祠堂，及书舍等建筑物。其后两家逐渐衰败，房屋陆续卖与他姓。清乾隆年间（1736—1795 年）改名为“东华里”，因其地理位置在福贤路以东，取富贵荣华之意。清嘉庆年间（1796—1820 年），骆氏家族迁入，曾对东华里北侧宅第大加修缮，使房屋更为整齐。清道光二十三年（1843 年）修建门楼，石刻街额“东华里”，并将全长 146 米的街道铺砌成花岗石路面。清末，华侨巨商招雨田家族迁入佛山，后转至香港创“广茂泰”洋行，发家后，将东华里中段南侧的宅第进一步改造装修，使之成为相互毗连的房屋。南侧后段的招氏家族宅第，加层扩建二楼，临街部分建有带着西洋风格的露台，独具中外合璧的特色，体现了民国初年典型的建筑风格。1949年后，东华里的私房，部分仍为骆氏及伍、陆、郭姓后人居住，及至招氏外迁，房屋由国家托管或租赁。这是珠江三角洲乃至广东省内保存最完整的清代城镇街道，保留清代各时期风格各异的建筑，是广东省清代、民国初期民居的重要物证，对研究珠江三角洲地区的地方史、建筑史及民族习俗等具有重要价值。2001 年，东华里古建筑群被国务院公布为全国重点文物保护单位。

东华里古建筑群

11. 康有为故居 （清）

位于佛山市南海区丹灶镇银河苏村敦仁里，包括康氏宗祠、藏书楼、松轩、澹如楼等，保留了较为典型的岭南乡村自然风景特色。

康有为（1858—1927 年），又名康祖诒，字广厦，号长素，曾先后七次上书光绪皇帝请求维新变法，以挽救日益加剧的民族危机，并领导了“公车上书”“百日维新”等中国近代史上著名的改革运动。康有为一生政治经历曲折坎坷，文学艺术建树颇丰，对整个中国社会影响很大，是中国近代史上著名的爱国主义政治改革家、思想家、教育家和文学艺术家。康有为故居原名延香老屋，始建于清中期，是康有为曾祖父康去衢的宅第，其后康有为的高祖父康炳堂、祖父康赞修、父亲康达初都居住在此，1858 年 3 月 19 日，康有为就出生于此屋。康有为在这座老屋中饱读中西书籍，初步形成他的维新思想体系，并完成了《大同书》的初稿，度过了一生中十分重要的青少年时期，至 1895 年中进士止，共在此度过了 37 年。

康有为故居部分建筑在抗日战争时期被毁，1983 年按原貌修复。康有为故居是珠江三角洲典型的三间两廊硬山顶青砖镬耳屋，面阔 9.06 米，进深 8.96 米，屋面高 6.05 米，通高 7.77 米。坐东北向西南，占地面积 81 平方米。1983 年由南海博物馆管理，1986 年成立康有为纪念馆，与故居合并管理。1996 年，康有为故居被国务院公布为全国重点文物保护单位。

康有为故居

12. 顺德糖厂早期建筑 （民国）

位于佛山市顺德区大良街道顺峰沙头村，是 1934 年陈济棠兴办地方实业时投资建成的。粮厂由捷克斯柯达工厂连工包料承建，制糖设备来自捷克。现尚存 4 栋早期厂房（制糖车间、压榨车间和成品糖仓库 2 间），以及助晶箱、桔水罐等早期设施。糖厂为钢框架结构，大跨度钢桁架上盖铁皮顶，空心红砖墙。砖身有“永业砖窑”“永”“河南小港”等铭文。陈济棠主政广东期间，采纳岭南大学农学院院长冯锐的《复兴广东糖业计划》，兴建全国第一批现代化糖厂，包括新造糖厂、市头糖厂、顺德糖厂、揭阳糖厂、东莞糖厂和惠阳糖厂。顺德糖厂是中国第一批机械化甘蔗糖厂，平均日处理甘蔗量 14 吨，大大振兴了地方经济。顺德糖厂是中国近代工业遗产，见证了中国制糖行业史与广东近代工业发展史，有重要的历史、科学价值。2013 年，糖厂早期建筑被国务院公布为全国重点文物保护单位。2018 年入选中国工业遗产保护名录。

顺德糖厂早期建筑

13. 梁园　（清）

位于佛山市禅城区松风路，建于清嘉庆至道光年间（1796—1850 年），因是由时任内阁中书的梁蔼如及其侄梁九章、梁九华、梁九图四人精心营建而成的私家庭园，故称“梁园”。范围包括今升平路松桂里“十二石斋”、松风路西贤里“寒香馆”、松风路先锋古道“群星草堂”和“汾江草庐”等四组毗连的建筑群，今“十二石斋”和“寒香馆”已为民居，仅存群星草堂。1982 年以来逐步修复整治，漫步院内，但见回廊环绕，绿树婆娑；一池绿水与船厅、桥亭相映成趣；太湖石、石英石或伏或卧，奇异多姿；而杧果、山松等百年古树及新栽竹木，苍劲挺拔。鉴于其历史、艺术和观赏价值，保留原建筑或在原基础上修缮复原的有刺史家庙、群星草堂、秋爽轩、船厅、小榭楼、书斋和三排宅第群组。1994 年修复了残存古建筑，使荷香小榭、半边亭、韵桥、荷池等园林景观及建筑重现历史原貌，总面积达 21 260 平方米，名园重光成为现实，为研究岭南古代园林、宅第、祠堂文化提供了不可多得的典型范例。1989 年，梁园被广东省人民政府公布为广东省文物保护单位。

梁园

14. 三水乐平镇大旗头村

位于佛山市三水区乐平镇，是珠江三角洲西岸地区一个比较有代表性的清代村落，至今保存完整，总面积 52 000 平方米。因全是姓郑的一个家庭聚落，故又名郑村。村民聚族而居，建筑布局协调，风格统一。建筑均采用硬山顶镬耳式封火山墙，内部布局采用广东民居典型的三间两廊式。现存的清末民居有 200 余间，有 100 多年历史，整条村统一兴建，规划整齐，部分大宅更以双层花岗岩石筑成，中间夹有铁板、铁枝。其坚固程度、耗资之大、构思之巧，令人叹为观止。置身其中，追古抚今仿如时光倒流，令人流连忘返。全村建筑分三部分，村头为象征“文房四宝”的文塔、水塘、地堂、大地，村前为郑氏宗祠、建威第、郑氏亲祠和振威将军家庙及宽阔的麻石广场、水井，其后是民居住宅区。房屋均为水磨青砖建筑，巷道全为花岗岩石板铺砌。其建筑、排污、防盗、逃生等方面的规划相当合理，令人称奇。振威将军家庙位于大旗头村中部，建于清光绪年间（1875—1908 年），为清代广东水师提督郑绍忠所建，坐西向东，三间二进，面阔 12.1 米，进深 24.2 米，是大旗头古建筑群的重要组成部分。文塔位于大旗头村东北部，建于清光绪十五年（1889 年），坐西北向东南，占地面积 41.1 平方米，六边形，三层，高 15.67 米。大旗头村古建筑群是华南地区保存最完好、最有代表性的清代民居建筑群，2002 年被广东省人民政府公布为广东省文物保护单位。

三水乐平镇大旗头村

15. 南海九江镇烟南烟桥村

位于佛山市南海区九江镇烟南村，明正统十四年（1449 年）建村，因布局如一展翅飞燕，旧称燕桥村。村口长木桥原名“燕桥”，因终年水汽蒸腾，雾气缭绕，清乾隆年间（1736—1795 年）已有“烟桥”之称，久而久之，村子亦改名为“烟桥村”。古村规划严整，肌理尚存，保存了大量清代古建筑；村外河涌交错，小桥流水，绿树成荫。村中现有何氏六世祖祠、旌表节孝牌坊、兰桂坊、烟桥正道门楼等和大量古民居，其中何氏六世祖祠、旌表节孝牌坊都是佛山市文物保护单位。烟南村不大，但古朴的石板巷正中有一条“烟桥正道”，是村里的中轴线，是大部分村民及访客进村的必经之路。旁边按照《周易》分元、亨、利、贞的四巷布局，值得品味。村里保留了一些古迹，一些广府民居融入了西方的文化，比如“骑楼”（阳台）、圆拱窗口、罗马柱式的门廊，还有西式命名的建筑等。村中的祖祠、家庙、牌坊、故居等建筑精美，古巷由当时的先贤设计建造。烟南村水道比较宽阔，村民还在水中养鱼。村前河边为生机勃勃之树木，村后有三水两基的竹林围绕。特别一入村，过木桥，建筑精美的何氏六世祖祠及“树祖公”（大古榕）即入眼帘。荷塘边上，一树成林。“树包塔”“连理树”等奇观令人们叹为观止。村前河之南、北建有水闸，南北大路建有炮楼，村后簕竹围绕，俨然一个独立小区。

南海九江镇烟南烟桥村

16. 顺德杏坛镇逢简村

位于佛山市顺德区杏坛镇北端，四面环水，以水道为界，河涌呈“井”字形，自南往北流过古村，汇入西江支流，把村落切割成若干小沙岛。自西汉起就有人在此生息，后来发展成一方集市，到了唐朝就已成村，清朝末年达到鼎盛，人口上万，有 3 个缫丝市场、300 多张织布机、产业工人 1 500 余人，号称“小广州”。村里的河岸两旁，古榕、蕉林、石榴等林木一字排开，河道、步道一侧是由民居、宗祠等乡土建筑组成的聚落群体，沿河而建，修筑石磡，长 10 余千米。清代村中种桑养蚕，丝织业非常繁荣，昔日的桑基鱼塘如今仍存痕迹。这些蜿蜒于村内的小河，在昔日将一船船蚕丝运往广州等地，全省客商也从这些小河乘艇远来，采购蚕丝。几十家丝织厂日夜不停，为顺德成为“南国丝都”立下汗马功劳。过去由于封建礼法苛严，村中不少女性不甘受虐待，矢志不嫁，与女伴相互扶持以终老，约自明代中后期起，相继产生了自梳女和不落家的特殊习俗。在封建礼法压迫下，这些习俗得以相沿300 余年，在晚清至民国前期达到高潮。20 世纪 30 年代以后，由于蚕丝业的兴起为女性提供了独立谋生的机会，并且随着女性社会地位的提高和战乱的影响，这些习俗渐渐消歇。

逢简村

（五）位于珠三角的粤东门户——惠州

今惠州市境列入全国行政区划始于秦代。秦始皇三十三年（前214年）置博罗县。惠州在隋唐已是“粤东重镇”，一直是东江流域政治、经济、军事、文化中心和商品集散地，素有“岭南名郡”“粤东门户”“半城山色半城湖”之誉。是客家人的重要聚居地和集散地，旅居海外的华人华侨、港澳台同胞数量居客家四州之首，被称为“客家侨都”。1991年，惠东县平海被公布为广东省历史文化名城。2015年，惠州被增补为国家历史文化名城。惠州现有全国重点文物保护单位3处、广东省文物保护单位45处。主要名胜古迹有罗浮山摩崖石刻、冲虚古观，反映原始瓷生产基地和古缚娄国的银岗古窑场遗址、横岭山墓地，保留苏东坡遗迹的东坡井、六如亭王朝云墓，反映革命史迹的叶挺故居等。

1. 银岗古窑场遗址（春秋战国）

位于惠州市博罗县龙溪街道银岗村，由岗谷岭、松毛岭、松古岭等7个相连的低矮山岗组成，年代为西周、春秋至战国时期，发掘面积3 000平方米，主要有龙窑5座，长10米，宽2米；还有灰沟3条、灰坑4个；出土的器物有陶器、青铜器、铁器、石器等，以陶器为主，器形主要有罐、釜、盒、杯、碗、鼎、豆、瓿等，纹饰有夔纹、米字纹、方格纹、素面纹等。窑场总面积10万平方米，是迄今为止广东省年代最久远、规模最大、集制作和销售于一身的春秋战国时期陶器制作工场。它们印证了夔纹早于米字纹的观点，解开了一个争论已久的考古问题。其主体是一堆普通的黄土堆，有很多陶片，这些陶片便是先秦时期人们智慧和劳动的结晶，具有较高的历史、艺术、科学价值，为研究先秦时期东江流域乃至整个岭南地区制陶业和当时的社会、经济发展状况提供了新的实物、资料。2002年，银岗古窑场遗址被广东省人民政府公布为广东省文物保护单位，也是广东省大遗址保护的示范点。

银岗古窑场遗址

2. 横岭山墓地 （商、周）

位于惠州市博罗县罗阳镇浪头村，因建设广惠高速公路而发掘于2000年，在8 000平方米范围内发掘出古墓葬300多座，少量属于商时期，大多数属于两周时期，出土了大量方格纹、夔纹等印纹硬陶片，同时出土了大量精美的陶器、原始瓷器、铜器、玉石器、铁器等，是广东迄今所发现和发掘的同类墓葬中数量最多、出土物最精美、品种最丰富的青铜时代墓葬群，证实了岭南历史上确实曾存在过文明程度相当高的青铜时代，也提供了缚娄国存在的可能性，从而使经过考古认证的岭南文明史得以上溯至3000年前，具有重大的历史意义。据《吕氏春秋》

记载，百越之地曾经存在过缚娄国，谭其骧教授主编的《中国历史地图集》详细标明在博罗县境内有缚娄国，但从来没有实物证据能够证明它确实存在。此次从墓葬群中发掘出了铜甬钟和鼎，连同墓葬群的其他出土物反映出“钟鸣鼎食”的贵族气象，说明这里可能曾经存在过一个古国。墓葬群以等级地位为规范排列得非常整齐，贵族墓葬区基本在山腰以上和山脊，大件铜器主要在这里出土，而平民墓葬区基本集中在山下，这在一定程度上反映出这些先人生存于一个相当完整的社会组织中，并且建立了等级森严的社会制度。2015 年，横岭山墓地被广东省人民政府公布为广东省文物保护单位。

3. 王朝云墓　（宋）

位于惠州市惠城区西湖孤山东麓。墓前有石雕墙，上镶石刻“王朝云墓志铭”，由苏轼撰文，伊秉绶书刻。旁边有《舟过六如亭》线雕，由清初著名画家石涛绘。王朝云墓后有东坡纪念馆。墓葬与六如亭历代都有维修。清嘉庆六年（1801 年）惠州知府重修该墓时，为墓撰写了碑文。1984 年，惠州市人民政府重修王朝云墓。2015 年，王朝云墓被广东省人民政府公布为广东省文物保护单位。

王朝云，字子霞，浙江杭州人，为北宋大文豪苏轼侍妾，北宋绍圣元年（1094 年）随苏轼谪惠。苏轼《荐朝云疏》记，朝云“一生辛苦，万里追随”，来惠后的第三年因染瘟疫去世，时年 34 岁。苏轼将她葬于西湖孤山，并亲撰墓志铭。孤山栖禅寺和尚在墓前筑一座纪念亭，因朝云生前学佛，临终诵《金刚经》偈语：“一切有为法，如梦幻泡影，如露亦如电，应作如是观。”故亭取名“六如亭”，现存的六如亭为 1946 年重建。

六如亭前镶立数量不少的石雕刻，后亭柱有清代翰林、丰湖书院山长林兆龙撰题勒石的对联，上联为“如梦如幻如泡如影如露如电”，下联是“不生不灭不垢不净不增不减”。前亭柱亦有对联，上联为“从南海来时，经卷药炉，百尺江楼飞柳絮”，下联为“自东坡去后，夜灯仙塔，一亭湖月冷梅花”。两副对联，联语对仗，词意耐人寻味。

4. 东坡井 （宋）

位于惠州市惠城区白鹤峰惠州市卫生学校，是北宋文豪苏轼（苏东坡）寓居惠州的重要遗迹。苏轼（1037—1101年），字子瞻，号东坡居士，眉州眉山（今属四川）人。其祖父苏序好读书，善作诗，父亲苏洵是古文名家，曾对苏轼和其弟苏辙悉心指导，母亲程氏有知识且深明大义，曾为幼年的苏轼讲述《后汉书·范滂传》，以古代志士的事迹勉励儿子砥砺名节，苏轼21岁出蜀进京时，学识修养已经相当成熟了。北宋绍圣元年（1094年），苏轼被贬谪至惠州，在惠州寓居两年又7个月，其间游览罗浮山、白水山、西湖寺胜景，写下很多诗文，为惠州人民留下一笔珍贵的文化遗产。东坡井井口宽0.6米，深14.5米，青砖砌壁，旁有井栏，外貌古朴，现保存完整，立有清乾隆十五年（1750年）名士关槐书“冰湍”两字石刻。史载：北宋绍圣三年（1096年）苏轼在白鹤峰买地数亩，“作屋二十间，规作终老计”。次年苏轼迁进新居。由于地高水远，苏轼便雇人凿井，并作诗记之：“今朝僮仆喜，黄土复可抟。晨瓶得雪乳，暮瓮渟冰湍。我生类如此，何适不艰难。一勺亦天赐，曲肱有余欢。”2015年，东坡井被广东省人民政府公布为广东省文物保护单位。

东坡井

5. 冲虚古观 （清）

位于惠州市博罗县罗浮山朱明洞景区麻姑峰下，南临白莲湖，始建于东晋咸和二年（327 年），为葛洪创建。清代屡有废兴，清同治年间（1862—1874 年）再次重建。坐北向南，主体建筑为四合院式庭院，含山门、正殿两廊和偏殿等，建筑面积 4 400 多平方米。殿宇有六重，分别为灵官殿、三清殿、黄大仙殿、吕祖殿、元辰殿和葛仙殿。东晋时，葛洪举家南迁，在罗浮山筑庵修道炼丹，咸和二年（327 年），在麻姑峰下修筑了南庵，名曰都虚（又称“玄虚”），以后又陆续在罗浮山东、西、北面分别修建了东庵、西庵和北庵。葛洪在罗浮山采药治病，筑灶炼丹，修道授徒，著书立说。义熙元年（405 年）都虚庵增建“葛仙祠”，观内如今还有葛洪的许多遗迹。葛仙殿后有葛洪建造的丹灶，丹灶旁原有苏东坡书“葛洪丹灶”四字，现已泯灭，现在所刻的“稚川丹灶”四字是清乾隆年间（1736—1795 年）广东提学吴鸿重题。最神奇的是观内的“长生井”，据说是葛洪炼丹时取水所用，长年不枯，传说井水能治病，昔日名曰“神仙水”，是冲虚古观“三奇”之一。另外“二奇”分别是：主殿三清殿周围大树环绕，屋顶却无落叶；观内无蜘蛛结网。此“三奇”至今仍吸引着不少人去探究谜底。1945 年，东江纵队司令部设在冲虚古观内。2019 年，冲虚古观被国务院公布为全国重点文物保护单位。冲虚古观所在的罗浮山是国家 AAAAA 级旅游景区，罗浮山位于东江之滨，方圆 260 平方千米，共有大小山峰 432 座、飞瀑名泉 980 多处、洞天奇景 18 处、石室幽岩 72 个，山势雄伟壮丽，自然风光旖旎，素有“岭南第一山”之称，是中国十大名山之一。它又是中国道教名山，道教称它为天下“第七洞天、第三十四福地”。罗浮山与佛山市南海区西樵山并称为“南粤二樵”，故又有东樵山之称。北宋苏东坡曾在这里写下“罗浮山下四时春，卢橘杨梅次第新。日啖荔枝三百颗，不辞长作岭南人”的名句，更使罗浮山闻名于世。

冲虚古观

6. 龙门鹤湖围 （清）

位于惠州市龙门县永汉镇鹤湖村，清同治二年（1863 年）竣工。坐东南向西北，总面阔 79 米，总进深 77 米，占地面积约 6 166 平方米，共有 108 间通廊房。结构为三堂、四横、一外围、四碉楼、一望楼（后围中间的中心楼）、一斗门。堂横屋为单层，外围高二层，碉楼高三层，望楼原高五层，现残存墙体。堂屋两侧分隔出明间、次间、梢间和尽间。中轴线宗祠为三堂屋，禾坪南侧有一口古井，斗门前有古石桥，四周筑以高矮不一的围墙。围楼前低后高，因此外围左右，两横屋顶硬山顶呈碟式，瓦面层层（五层）错落，斗门和碉楼为硬山顶，船形屋脊两头高，封火山墙作镬耳状，傲然耸立，气势雄伟。碉楼和外墙开设枪眼，枪眼用方孔石镶嵌，前有池塘，连接两侧壕沟。村前、村左、村右三面环水，仅在村的右边设一个斗门，供村民进出。龙门鹤湖围是惠州市唯一一座前有大面积池塘联接两侧壕沟、三面环水、围后有山地的城堡式客家围楼，为研究客家人的生活居住习俗提供了宝贵的实物资料。2019 年，龙门鹤湖围被国务院公布为全国重点文物保护单位。

龙门鹤湖围

7. 罗浮山摩崖石刻　（宋至民国）

位于惠州市博罗县罗浮山上。罗浮山素有“南粤群山之祖”之称，是晋代葛洪采药、炼丹的地方，是国家 AAAAA 级风景名胜区。有九观十八寺，摩崖石刻多分布在这些寺、观的周围。有题刻 125 题，分布范围 214 平方千米，包括朱明洞、白鹤洞、九观天、黄龙洞、酥醪洞、华首台、宝积寺、朝元洞共 8 处，面积共 1 117.31 平方米。历史名人题刻包括宋代祖无择、明代湛若水、清代丘逢甲等，历代达官贵人、文人墨客在此都留下了墨迹，其中就有反映葛洪在此炼丹的石刻。罗浮山采仙药 120 多种，合炼仙丹的说法源自于此。如今的罗浮山百草药既是国药，也是百姓治病的良药，有关石刻正是历史的实证。石刻中还有不少内容反映罗浮山与佛教、道教的关系，形成了罗浮山独特古朴清雅的人文景观和神仙洞府的神秘氛围。石刻内容丰富多彩、完整真实，各个种类保存完好，地域特色印证了此地发生的重要历史事件，具有地理标志的意义。石刻年代多数为清代，字体有篆书、隶书、行书、楷书、草书，书法优美，规格不限，形式多变，堪称我国摩崖石刻的“大观园”。罗浮山摩崖石刻从不同侧面、不同角度折射出不同时代的历史信息，为研究岭南地区的政治、经济、文化、宗教、民俗等提供了许多史料，具有重要的历史、科学和文学艺术研究价值。1989 年，罗浮山摩崖石刻被广东省人民政府公布为广东省文物保护单位。

罗浮山摩崖石刻

8. 叶挺故居　（清）

位于惠州市惠阳区秋长街道周田会水楼村，清光绪十年（1884 年）建，是一幢规模较小的客家围屋。建筑面积 240 平方米，面宽 15 米，进深 16 米，高 5 米，有四房两厅带厨房和天井。门前有一禾坪，长 36 米，宽 20 米，有围墙，粉墙黛瓦，房屋矮小，朴实无华，门口牌匾“叶挺将军故居”为江泽民同志题匾。故居内摆设了 150 多件珍贵的照片、实物、文物，大致概括了叶挺的一生，是全国爱国主义教育示范基地和惠州市党史教育基地。邻近故居有一方亭，边长 5 米，高 4.8 米，亭柱间有 0.8 米高的护栏，北、西、南面各有一入口，叶挺少时常在此读书，故后人称之为读书亭。1980 年，成立叶挺故居纪念馆。2006 年，叶挺故居被国务院公布为全国重点文物保护单位。

叶挺（1896—1946 年），原名为询，字希夷，广东归善（今惠阳）人，是中国人民解放军的创建者之一。1924 年赴苏联东方劳动大学与红军学校中国班学习，第一次国内革命战争时期，曾任国民革命军独立团团长、第四军第二十五军师副师长、第十一军第二十四师师长、第十一军军长，1927 年先后参加南昌起义和广州起义，抗日战争时任新四军军长，1941 年皖南事变时被国民党非法逮捕，先后被囚于江西上饶、湖北恩施、广西桂林等地，最后移禁于重庆“中美特种技术合作所”集中营。毛泽东曾当面称赞他是“共产党的第一任总司令，人民军队的战史要从你写起”，叶挺开创人民军队的功绩及崇高的气节，永世流芳。1946 年 3 月 4 日，由于中共中央的坚决要求，叶挺重获自由。出狱后即电中共中央请求重新加入中国共产党，于 3 月 7 日经中共中央批准。4 月 8 日自重庆飞返延安，途中于山西省兴县黑茶山因飞机失事遇难。

叶挺故居

9. 惠城横沥镇墨园村

位于惠州市惠城区东江北岸的横沥镇，建于明代。全村总面积 2.6 平方千米，文化底蕴深厚，至今仍保留着具有 200 多年历史的闹元宵传统习俗。墨园村是横沥一个讲福佬话的古村落，相对客家人而言，福佬人先迁入惠州。东江中下游两岸的居民中，有相当一部分是福佬人。明末，墨园村的先辈从福建迁徙到惠州，在此地跑马滴墨，圈定了现今墨园村的范围，故名墨园。村里最早的建筑就是明朝末年的水井，由村里的陈氏族人挖掘修建。水井占地面积 20 多平方米，深 10 余米，井台和井面都是用花岗岩砌成的。井面由花岗岩的条石平分为八块，从上往下看，就是一个完整的八卦图形，井壁又呈葫芦状，故叫八卦葫芦井。历经 300 多年风霜的水井至今仍在使用，且井水保持一贯的清洌甘甜。古井旁是清乾隆年间（1736—1795 年）重建的门楼（也叫协天宫），那是墨园村标志性的建筑，村中每有大型活动，必在门楼前的广场进行。村中最大规模的古建筑是大夫第，大夫第建于清同治八年（1869 年），占地面积约 4 000 平方米，保存完好。还有老书屋、茂记大屋、二记大屋和荣记大屋，都是村里有名的古建筑。2015 年，惠州市人民政府公布上述七处古建筑为惠州市文物保护单位。

惠城横沥镇墨园村

10. 惠东稔山镇范和村

位于惠州市惠东县稔山镇，面向大亚湾，是一座宁静富足的小渔村，被评为“广东十大最美古村落”。其形成于元末明初，已有 600 多年历史。元末明初，烽鼓不息、兵荒马乱，辗转各地寻找最佳的居住地是民众首要之事，范和村的先民就是在这样的社会背景下迁移至此，建立了范和村。惠东地区正好是广东三大民系边界的交会处，客家人、潮汕人、广府人在这里比邻而居，因此当你在范和村问路时，你可能会听到村民们用粤语、闽南语、客家话几种不同方言回答你。广府粤剧、客家汉剧和陆丰的白字戏在这里都能欣赏；广府的古庙、客家的围屋和潮汕工艺特色的木雕也都能在村中找到。如果要说到村子里的景点，整个范和村的看点大约在两座古围屋、众多的庙宇、古戏台、哥特式的天主教堂等建筑。有些村民的房屋虽然后来经过翻修，但门前的大石块、青石板路却依旧带着古韵。有些庙宇门前会搭着戏台，分别是水仙爷戏台、妈前戏台和城隍庙戏台。

惠东稔山镇范和村

11. 龙门龙华镇功武村

位于惠州市龙门县龙华镇。功武村古建筑群为清代建筑，有近 400 年历史，包括五宅第、古码头、正街、廖氏宗祠等，现存古民居房屋上千间、院落 10 余座，其中五宅第和廖氏宗祠的梁架、木雕、灰塑水磨青砖墙体及正街店铺的曲尺柜台，都具有较高的艺术研究价值。五宅第坐北向南，占地面积约 9 200 平方米，以进士第、碉楼为中轴线，东西两侧建民居住宅，为广府式建筑格局。沿中轴线上的五进五开间的进士第（俗称官厅），通面阔 23.6 米，通进深 56.3 米，头进面阔五开间。五宅第四周筑有角楼、围墙。围墙前低后高，墙体设墩。民居、碉楼在围前半月形的池塘水里倒映成趣。1938 年，官厅左右青云小巷口的 3 栋房屋先后被日本飞机轰炸，后由村民修复。官厅后面置一座面阔 24 米、深 11.7 米、高 4 层约 20 米的碉楼。碉楼东面两侧为镬耳状封火山墙。碉楼，又被村民称为“女楼”“红楼”。在古代，出嫁前的姑娘要到楼里住上一个月方才出嫁。廖氏宗祠坐东北向西南，外观四进五开间，总面宽 19.6 米，总进深 52.3 米。祠前置照壁，青砖砌筑，长 18.2 米，高 5.2 米，壁厚 0.6 米。一进面阔五开间，人物、花草木雕檐板，龙船正脊置人物花草鳌鱼灰雕。正街路面用青砖铺地，左右为店铺。村外置码头（货运码头、客运码头），正街便是一个生意兴隆的商埠。有一间名曰“畅记”的店铺，仍保存旧时的木板店门、曲尺柜台和近店门而砌的“铺踏头”。古码头与正街相通，全长约 500 米。码头原是广州到龙门水路客商往来的必经之处，现残存石阶，码头河堤上种有竹，风景宜人。2002 年，功武村古建筑群被广东省人民政府公布为广东省文物保护单位。

龙门龙华镇功武村

（六）中国近代史的开篇地——东莞

秦始皇三十三年（前 214 年），秦始皇统一岭南，东莞隶属广州府番禺县。东莞是广东省历史文化名城，是广府文化的发祥地之一，是粤曲的重要发源地之一，也是中国的粤剧之乡。东莞是中国近代史的开篇地和改革开放的先行地，现有全国重点文物保护单位 9 处、广东省文物保护单位34处。主要名胜古迹有蚝岗贝丘遗址、塔类和园林建筑，以及林则徐销烟池与虎门炮台旧址。蚝岗贝丘遗址以其彩陶和树皮布石拍出名；东莞可园以其细腻的风格著称；却金亭碑与海外贸易关系极大；林则徐销烟池与虎门炮台旧址以林则徐和关天培的名气最大，以此为导火索和战场的鸦片战争是中国近代史的开端，使中国近代社会性质、阶级关系、主要矛盾、中华民族面对的历史任务发生变化。

1. 蚝岗贝丘遗址 （新石器）

位于东莞市南城街道胜和社区蚝岗大园坊，是一处高出周围田地10米、面积1万多平方米的小岗丘，2003年进行发掘，发掘面积272平方米，年代距今约6500～4000年。遗址有红烧土活动面、房基、柱洞、灰坑、排水沟和墓葬等重要遗迹，出土了树皮布石拍、蚝蛎啄、石斧等石器、骨器和蚌器，以及大量绳纹夹砂陶片、彩陶片、刻划纹陶片等，尤为可贵的是在遗址文化层中发现两具人类遗骸，其中一具经测定为距今5000多年的中年男性，保存较为完整。遗址文化层大致可分为两期，一期的年代距今5000多年，二期年代稍晚，距今约4000年。蚝岗贝丘遗址是广东出土彩陶器的贝丘遗址，填补了年代序列的缺环，对构建广东东江流域史前文化序列具有重要的意义，古人类遗骸为研究珠江三角洲史前人类体质提供了重要资料。2007年，建成蚝岗遗址博物馆。2013年，蚝岗贝丘遗址被国务院公布为全国重点文物保护单位。

蚝岗贝丘遗址和蚝岗遗址博物馆

2. 村头村遗址 （夏、商）

位于东莞市虎门镇村头村西台地、珠江虎门入海口东岸，为距今4000 ~ 3500 年的青铜器时代早期遗址，面积约 1 万平方米。1987 年广深高速公路文物调查时被发现。1989 年、1993 年两次发掘，发掘面积 3 375 平方米。遗址堆积层厚 1 ~ 3 米，五个文化层叠压清楚，第一、第二层为表土层和明代村落遗址，第三至第五层是青铜时代早期遗存，有房址、排水沟、围壕、灰坑、小孩墓葬等，清理出 10 余座房基，均为平地起建，有圆形、圆角方形，出土遗物十分丰富，陶器最多，以釜、盘、罐为基本组合，陶质以灰陶、褐陶为多，还有黑皮陶、橙红陶、红陶等，纹饰以曲折纹、叶脉纹、绳纹、云雷纹为基本特征，石器有戈、矛、镞、锛、斧、环、璜等。此外，还出土有骨器、角器、蚌器和一些贝类遗骸。村头村遗址对研究广东早期青铜文化和建立珠江三角洲先秦文化序列有着重要的意义，2019 年被国务院公布为全国重点文物保护单位。

村头村遗址

3. 燕岭古采石场遗址 （明、清）

位于东莞市石排镇田边村和燕窝村交界处，地处东江南岸丘陵中段，主峰高 51.8 米，长约 8 千米，宽 0.3 ~ 0.5 千米，岩层为第三纪棕红色细砂质粉砂岩，间夹有少量棱角状砾石，结构紧密，硬度大。在延绵 1.475 千米的山体均有人工开采痕迹，所产红砂岩石是明清时期东莞境内重要的建筑材料，以十八房间、补天石、天女散花等为主要景观遗存，十八房间是向山岗纵深凿石形成的长方形石窟，是类似建筑的房间，共有三层十八间，故名。石窟大者面积数十平方米，小者面积 20 平方米左右，高度 20 ~ 30 米，石壁多成直角陡立，纤石条痕清晰可见，附近还有采石遗存的石柱、石窟，石柱下部被积水淹没。补天石位于十八房间附近，是采石遗存的石柱，石柱高约 30 米，倾角 30 度，由红色砂岩层构成，间含少量小砾石，因胶结良好，形成上粗下细、成超 90 度陡立于石窟水面上的巨型石柱，民间传说称之为补天石。古采石场分布面积 25 000 多平方米，为研究明清时期采石场的采石技术和东莞古建筑红砂岩石材料来源提供了重要的实物资料。燕窝村大围西南的采石石壁上还有清光绪十六年（1890 年）孙奭题书的摩崖石刻。2002 年，燕岭古采石场遗址被广东省人民政府公布为广东省文物保护单位。

燕岭古采石场遗址

4. 南社村和塘尾村古建筑群　（明、清）

位于东莞市茶山镇南社村和石排镇塘尾村，两村相距约 3 千米。南社村建于南宋初年，是一个有 800 多年历史的珠江三角洲著名古村落。村内建筑群包括任天公祠、南社百岁祠、简斋公祠、孟俦公祠、照南公祠、百岁翁祠、南社资政第、南社谢氏大宗祠、南社百岁坊、南社关帝庙、谢遇奇家庙、李凤池民居等，村民祖先大多为浙江绍兴谢氏后代，村内所建民居、祠堂、门楼、古巷、古井等融为一体。巷道石板下设排水渠道，上百间民居多为珠江三角洲特有的三间两廊形式，占地面积几十至近百平方米，房屋大多以条石砌墙基，青砖墙体，门框用红砂岩包砌。塘尾村古建筑群始建于宋代，至清光绪年间（1875—1908 年）已发展成为以古围墙为界、以村口水塘为中心、巷道呈“井”字网状的村落布局。建筑群包括亮德书房、乐平书房、李子聪书房、李惠宗书屋、卓卿家塾、思我公祠、敬如公祠、叶一公祠、松石公祠、琴乐公祠、梅菴公祠、塘尾李氏宗祠、景通公祠、塘尾北门楼、塘尾南门楼和塘尾东门楼等，围墙东南角、西南角、西北角、东北角开有四个围门，保存完好，为两层青砖镬耳山墙建筑，占地面积近 4 万平方米。村中保存祠堂 21 座，古民居 268 座，书室 19 座，门楼 4 座，炮楼 28 座。建筑依自然山势缓坡而建，布局合理，保存基本完整，保留大量精美的石雕、木雕和灰塑建筑构件，安全防御设施齐全。祠堂建筑除宗祠三进外，各家祠是二进四合院形式。民居多以三间两廊、三间一边廊为主。民居与书室、祠堂结合，是塘尾古村落的一大特点。2006 年，南社村和塘尾村古建筑群被国务院公布为全国重点文物保护单位。

南社村和塘尾村古建筑群

5. 东莞可园　（清）

位于东莞市莞城街道可园路，始建于清道光三十年（1850 年），占地面积 2 200 平方米，是岭南园林的代表，与佛山清晖园、广州番禺余荫山房、佛山梁园合称清代“岭南四大园林”。可园以“小巧玲珑、设计精巧”著称，其将住宅、庭院、书斋等艺术地糅合在一起。亭台楼阁，山水桥榭，厅堂轩院，一应俱全。园林布局高低错落，曲折回环，空处有景，疏处不虚，保存完整，是岭南园林之珍品，具有岭南园林的代表性特点。园内收藏、展示、研究古典园林建筑和岭南画派文物作品，设有岭南建筑文化和岭南画派艺术的专题性博物馆，有“岭南传统园林与民居”“居巢、居廉与可园”“莫伯治与岭南建筑艺术”等展览，对莞邑文化乃至岭南文化产生了重要影响，是东莞宝贵的文化资源。按功能和景观，可大致划分为三个区：东南区包括门厅、擘红小榭、可堂、环碧廊，其中门厅门廊与小榭形成中心轴线；西区包括了双清室、可轩，以及后巷的厨房、备餐室等，可轩位于双清室西侧，是庭院最高楼邀山阁；北区是沿可湖而筑的建筑，独具游湖观景的功能，园主人卧室及书房等皆位于这组建筑中。1979 年成立可园管理所，1998 年更名为可园博物馆。2001 年，东莞可园被国务院公布为全国重点文物保护单位。

东莞可园

6. 林则徐销烟池与虎门炮台旧址（清）

林则徐销烟池旧址位于东莞市虎门镇解放路鸦片战争博物馆西面，虎门炮台则是当年分布在东莞市虎门海口一带炮台的总称，先后构筑炮台 11 座，分别位于东莞市虎门镇的沙角山、威远岛和广州市南沙区的上横档岛、下横档岛、大虎山、大角山等地。

清道光十九年四月二十二日至五月十五日（1839 年 6 月 3 日至 25 日），时任钦差大臣的林则徐，迫使英国、美国等国的鸦片烟贩缴出

19 187 箱又 2 119 袋鸦片，他命人把缴获的鸦片放入挖好的池子，用盐卤和石灰浸化之法当众销毁。林则徐销烟池为两个正方形的池子，边长 50 米，面积约 2 500 平方米。1973 年，经考古发掘复原了这两个销烟池。池岸北、西边有栅栏，池四周有栏桩钉板；池底平铺石板，池前设一涵洞，用于排放鸦片残渣，池挖一水沟，便于车水入池。

清康熙五十六年（1717 年）至清道光十九年（1839 年），清朝在虎门海口先后构筑炮台 11 座，其中沙角炮台为清嘉庆六年（1801 年）建造，光绪年间（1875—1908 年）对炮台进行了大规模的修复、扩建，先后修建了 10 座炮台，面向大海，形成规模庞大的沙角炮台防御体系。位于威远岛东南端鹅山上的定洋炮台，又称鹅夷炮台，建于清光绪七年（1881 年）。靖远炮台是鸦片战争时期虎门炮台中规模最大的一座炮台，被称为“帅台”，有暗室、暗道及兵房等遗址，1997 年对靖远炮台露天炮位、暗道等进行了较大规模的维修。威远炮台是在南山炮台基础上扩建而成的，清康熙五十六年（1717 年）建造，清光绪九年（1883 年）在炮台左前方弯曲部分改建为一大二小的明炮位。清光绪十一年（1885 年）重修南山诸炮台，将原炮位一律改建为露天炮位，并命名为威胜东炮台。镇远炮台为清嘉庆十二年（1807 年）建造，1997 年东莞市人民政府修复了镇远炮台的营房与暗道暗室。蛇头湾炮台始建于清道光二十三年（1843 年），清光绪九年（1883 年）重建。沙角炮台包含节兵义坟和林公则徐纪念碑。林则徐销烟池和虎门炮台旧址是鸦片战争的历史见证，展示了中国人民的禁毒决心和反抗外来侵略的坚强意志，是进行爱国主义教育的重要场所。1957 年成立林则徐纪念馆。1982 年，林则徐硝烟池与虎门炮台旧址被国务院公布为全国重点文物保护单位。1985 年更名为虎门林则徐纪念馆，增设鸦片战争博物馆，负责林则徐销烟池与虎门炮台旧址的管理。

东莞虎门炮台旧址威远炮台

7. 广九铁路石龙南桥 （1911年）

位于东莞市石龙镇广源路与滨江东路交会处，始建于清光绪三十三年（1907 年），1911 年全部建成通车，为广东现存最早的铁路桥，原为广九铁路单线铁路大桥，横跨东江南支流，为钢石木混凝土混合结构，全长 274.8 米。桥设 5 孔，第 1 ～ 4 孔为 70 米下承桁梁，第 5 孔为 20 米上承钢板梁，全长 274.8 米。1937 年日军侵华战争全面爆发后，日军对广九铁路进行频繁轰炸，时至今日，旧址钢梁杆上仍留有多处中弹的痕迹。1907 年，广九铁路动工建设石龙南铁路桥，由当时的英国铁路公司建造，由我国著名的铁路工程师詹天佑任铁路桥顾问。广九铁路由广州站向东南，在石龙越东江及其支流，经樟木头，抵深圳市，过深圳桥到香港九龙，长 179 千米，是内陆与香港联系的唯一铁路线。广九铁路可以说是联系粤港两地的生命线，是供港物资的主要运输通道。原铁轨仍保存完好，但因承载等级不足，火车已经停运。2007 年 3 月，广深四线石龙南桥建成通车，连接京九铁路。广九铁路石龙南桥、石龙特大桥、四线石龙南桥三桥并立，广九铁路石龙南桥才圆满完成它的历史使命而“功成身退”。2013 年，广九铁路石龙南桥被国务院公布为全国重点文物保护单位。

广九铁路石龙南桥

8. 蒋光鼐故居 （民国）

位于东莞市虎门镇南栅社区三蒋村新基二巷 1 号，又名荔荫园，包括红荔山房、荔荫园围墙及古井一口。红荔山房由蒋光鼐建于1930年，总面积1 551平方米，大门横匾上刻有“荔荫园”三字，门左右是一副对联——“造庐谁道龙犹卧，题户应嗤鸟是凡”。建筑占地面积223平方米，砖混结构，由主楼和两边侧楼组成，前廊后室，内进一厅两厢。1932年淞沪抗战后，蒋光鼐回此地居住。荔荫园围墙为红砖用五顺一丁式砌筑，四面全长140米，高2.2～3.2米。东南角设园门，绿琉璃庑殿顶门楼，麻石门框，匾额阴刻“荔荫园”。古井位于西南角7米处，为混凝土圆形井沿、井圈。

蒋光鼐（1888—1967年），字憬然，东莞虎门人，参加过辛亥革命，曾任国民革命军师长、第十一军副军长，参加过中原大战。1930年任第十九路军总指挥兼淞沪警备司令，1932年1月28日，他率领第十九路军抗击日军侵略。淞沪抗战后，蒋光鼐调福建任省政府主席兼绥靖公署主任，主张共同抗日、反对内战。1933年与李济深、陈铭枢、蔡廷锴等发动反蒋政变，1935年联合第十九路军将领通电反蒋，主张联共抗日。1949年，担任全国政协委员，历任中国纺织工业部部长、全国政协常委等职务。

故居见证了抗日名将蒋光鼐及其家族爱国、爱乡的历史，并保存多位国民党军政要员的题迹，具有历史价值。故居主体建筑红荔山房是西方建筑文化与岭南气候自然条件结合而形成的具有地域性特色的现代建筑，体现了中西融合的时代特征，造型典雅、构造精良，具有独特的科学研究和艺术价值。2019年，蒋光鼐故居被国务院公布为全国重点文物保护单位。

蒋光鼐故居

9. 大岭山抗日根据地旧址 （1940—1943年）

位于东莞市大岭山镇大岭村，包括广东人民抗日游击队第三大队的中山书院旧址、《大家团结报社》旧址、交通站旧址、会议室旧址、大队部旧址、操场旧址、粮食加工场旧址、医务所旧址，以及大岭山抗日民主政权连平联乡办事处旧址等。1940 年秋，广东人民抗日游击队第三大队根据中共前线东江特委的指示，挺进东莞大岭山地区，开辟了大岭山抗日根据地。该旧址是东江纵队主要领导人指挥东宝地区抗日游击战争的机关所在地，在华南地区的抗战过程中具有重要的地位。1941 年 7 月，东江纵队第三大队在此创办中山书院，仿照陕北公学的办学方法，举办了一期干部训练班，招收东莞、广州、香港九龙等地的知识青年数十人，学习政治、文化、时事政策等，结业后分配到部队和地方工作。中山书院是一座清代天主教堂，坐东北向西南，长 32 米，宽 19.2 米，面积 614.4 平方米，建筑面积 206 平方米。青砖砌筑，硬山搁檩结构，中西合璧，尚存一口古井。大队部旧址是一座泥砖民房，长 11 米，宽 7 米，面积 77 平方米。这些抗日根据地旧址对于研究大岭山抗日根据地的历史具有重要价值。2006 年，大岭山抗日根据地旧址被国务院公布为全国重点文物保护单位，现由东莞东江纵队纪念馆管理。

大岭山抗日根据地旧址

10. 却金亭碑 （明）

位于东莞市莞城街道北门外光明路与教场街交会处，即原东莞县城的东莞港口与演武场，立于明嘉靖二十一年（1542 年）。碑坐北向南，为青石刻制，高 184 厘米，宽 102 厘米；红砂岩方形底座，长 143 厘米，宽 30 厘米，高 20 厘米，面积约 6 平方米。碑首呈弧形，雕刻着细腻的云海涌日纹，花纹间是古篆体的“却金亭碑记”碑额，正文楷书，21 行，满行 50 字。镌刻精良，字口清晰，周边饰云纹，碑文记载了明嘉靖年间（1522—1566 年）番禺县尹李恺与暹罗（今泰国）商人文明交往、不受酬金的史实，是中国明代对外贸易、中泰两国人民友好往来的历史见证，对研究明代中泰贸易通商和贸易管理体制具有重要的历史价值，更是海上丝绸之路的历史丰碑，在研究明代涉外税制改革方面及对廉政建设方面都有重要的意义。2006 年，却金亭碑被国务院公布为全国重点文物保护单位。

却金亭碑

11. 东莞塘厦镇龙背岭村

位于东莞市塘厦镇，是镇里唯一具有传统客家文化、被称为“华侨之乡”的社区，总面积 8.39 平方千米。叶姓祖先于清光绪年间（1875—

1908 年）从一山之隔的黄江长山口迁移至此。随处可见的碉楼是东莞客家最鲜明的标志。龙背岭围有三座碉楼，分别位于东南、西北和东北三个方位上，可以 360 度地观察古村周边几十里外的动静。这在兵荒马乱的年月里是非常必要的，尤其是对于外来的客家人的生存更为重要。

东莞塘厦镇龙背岭村

（七）孙中山故乡地——中山

中山，古称香山，因“地多神仙花卉”而得名，是伟大的民主革命先行者孙中山的故乡。古代香山是孤悬于珠江口外伶仃洋上的岛屿，境域为现今的五桂山和凤凰山（今属珠海市）及周围的山地和丘陵地，即石岐至澳门一带的陆地。前身为南宋绍兴二十二年（1152 年）设立的广州府香山县，1925 年，为纪念孙中山而改名为中山县，是广府文化的代表城市之一，享有广东省曲艺之乡（粤剧）、华侨之乡的美誉。发祥于中山的香山文化是中国近代文化的重要源头。2011 年，中山被增补为国家历史文化名城，现有全国重点文物保护单位 3 处、广东省文物保护单位 23 处。主要名胜古迹是近现代重要史迹及代表性建筑，如孙中山故居和中山纪念中学旧址。

1. 茶东陈氏宗祠群　（清）

位于中山市南朗镇茶东村，包括陈氏宗祠、里仁祖家庙、贡三陈公祠、净溪陈公祠四座建筑。坐西北向东南，总占地面积约 3 100 平方米，建筑面积 2 430 平方米。其中陈氏宗祠始建于明末，清康熙三十三年（1694 年）重建，现保存清光绪年间（1875—1908 年）修复后的风格；建筑面积约 1 200 平方米，三间三进，塾台台基有阳刻博古纹、隐八仙纹等纹饰的花岗岩石雕，雕工精细。里仁祖家庙始建于清康熙年间（1662—1722 年），为茶东村陈氏家族为纪念因攻打台湾而捐躯的族人陈里仁而建，单间两进布局，建筑面积约 293 平方米。贡三陈公祠建于清代，三间两进，建筑面积约 514 平方米。净溪陈公祠建于清代，三间三进，建筑面积约 423 平方米。茶东陈氏宗祠群是中山市形态保存较为完整、建筑规模较大的祠堂建筑；记录着陈氏家族的辉煌与传统，是家族的圣殿；作为宗族悠久历史和传统文化的象征与标志，极具影响力和历史价值，堪称中华民族的建筑艺术瑰宝。2013 年，茶东陈氏宗祠群被国务院公布为全国重点文物保护单位。

茶东陈氏宗祠群

2. 孙中山故居　（民国）

位于中山市南朗镇翠亨村，西南面为辛亥革命纪念公园。孙中山（1866—1925 年），名文，字明德，1866 年 11 月 12 日诞生于此。故居周围有孙中山青少年时活动过的遗迹，山腰古井是他经常挑水回家的水井，故居庭院前的大榕树是他童年时代常常听参加过太平军的冯观爽老人讲述太平天国将领反清故事的地方。1897 年，孙中山在日本化名中山樵，后改名中山。1895 年在香港创立兴中会，1905 年在日本建立同盟会，被选为总理，确定了资产阶级革命纲领，创办《民报》，提出“民族、民权、民生”三民主义，后在国内发展组织，在广东、广西、云南等地发动武装起义。1911 年，他在辛亥革命后回国，1912 年当选为中华民国临时大总统，1914 年在日本组织中华革命党，1919 年将中华革命党改组为中国国民党，1921 年在广东就任非常大总统。此后，接受中国共产党、苏俄共产党的帮助，实行联俄、联共、扶助农工三大政策，改组国民党，邀请共产党人加入国民党，共同进行反帝反封建的民主革命。1924 年 11 月应冯玉祥邀请抱病北上共商国是。1925 年 3 月 12 日逝世于北京。

故居是孙中山长兄孙眉于 1892 年从美国檀香山汇款回来，由孙中山亲自设计并于同年主持建成的。建筑坐东北向西南，是一幢砖木结构、中西合璧的赭红色两层楼房，并设有一道围墙环绕着庭院，建筑面积 340 平方米。楼房正面仿西式建筑，上下层各有七个装饰性拱门，屋檐正中饰有光环和飞鹰。楼上下均有走廊，楼下中间为正厅，左右为耳房，楼上为孙中山的书房和卧室，正门挂一副对联，为“一椽得所，五桂安居”。故居再现了孙中山出生和成长初期的社会历史环境，使人们加深对这一伟大人物的了解，具有重大的历史和文物价值。1956 年，成立孙中山故居纪念馆。1988 年，孙中山故居被国务院公布为全国重点文物保护单位。

孙中山故居

3. 中山纪念中学旧址 （民国）

位于中山市南朗镇翠亨村中山纪念中学内，建筑面积约 4 630 平方米，主体结构由时任南京中山陵、广州中山纪念堂和中山纪念碑的建筑设计师吕彦直设计，依山势呈阶梯式，南北以中轴线对称布局，由八座单体建筑组成。第一进是校门，由 3 座牌坊式门楼并排组成，以长廊连接两侧建筑。东侧为寿屏堂，西侧为皓东堂，两者形式相同。沿中轴线经台阶上第二级平台，平台东侧是哲生堂，西侧是鹤龄堂，形式相同。第三层平台是学校的核心，最高点为逸仙堂。逸仙堂的西侧是慕贞堂，东侧为原膳堂。逸仙堂北面为寿屏山，是南北轴线的终点。逸仙堂是纪念孙中山先生而建，皓东堂为纪念孙中山战友陆皓东而建，慕贞堂为孙科为纪念其生母卢慕贞而建。中山纪念中学旧址是珠江三角洲保存较完好、规模较大的民国时期建筑群，对研究近代中国建筑文化及教育发展都有着重要的意义。2013 年，中山纪念堂中学旧址被国务院公布为全国重点文物保护单位。

中山纪念中学旧址

4. 中山三乡镇古鹤村 （宋至清）

位于中山市三乡镇的古鹤村是有着近 800 年历史的文化古村，是中山市侨乡之一。相传古时有许多雀鸟在这里的山林中栖息，众多鸟类中以白鹤居多，由此得名“古鹤”。古鹤村是一个自然村，古与今、传统与现代相结合。总面积 5.6 平方千米，洋溢着包容、和谐、进取的人文氛围，历史悠久。有 4 条清代石板街，总长约 1 800 米，悠长而古朴。作为中山的特色古村落，村内保留很多牌坊，有清代光绪皇帝赐的“乐善好施”牌坊；还有李鸿章的题词和印章，为四柱三间三楼牌坊，用花岗石雕琢构筑，高约 8 米，柱下镶嵌抱鼓石。每一座牌坊都代表着一种荣耀。此外，村中有 3 座祠堂，其中郑氏祠堂内有敦宗睦族的宗旨，见证了古鹤村有史以来的包容、和谐精神。古鹤村自古特别注重自然环境的保护，至今尚保留有古树林，有百年古树，其中有多棵珍贵的百年沉香树，另外还有野生荔枝树、楠木等珍贵树种。

中山三乡镇古鹤村

（八）心学奠基者陈白沙故里——江门

江门，别称“五邑”，其历史悠久，文化底蕴深厚，是广府文化的代表性城市之一，还是明代心学奠基者陈白沙、近代维新先驱梁启超、中国航空之父冯如的故里。拥有世界文化遗产开平碉楼与村落，还有让大文豪巴金先生为之陶醉的新会小鸟天堂。新会为广东省历史文化名城，现有全国重点文物保护单位 5 处、广东省文物保护单位 46 处。主要名胜古迹有各类遗址、基督教墓园、祠堂、学宫、石刻、近现代的名人故居、炮台与碉楼，以及以广府建筑为主体的村落。新会官冲窑以出土日用瓷为主；上川岛的大洲湾遗址以葡萄牙船贸易点开始使用早于澳门而著名；平瑶石刻是说明瑶民定居在此的依据；梁启超故居以“戊戌变法”而著称。传统村落以田野、鱼塘环绕四周，大榕树、石板巷、青砖房、美食街有序分布，可谓依山傍水，钟灵毓秀。

1. 官冲窑址 （唐）

位于江门市新会区古井镇官冲村碗碟山、瓦片岩、旗岭一带。唐代中晚期，新会的先民在古井岛兴建大规模的窑场，大量生产日用青瓷，并将瓷器生产基地的布局扩大到潭江流域。窑场自然资源丰富，地理位置优越，交通便利，在供应本地市场之余，还得益于海上丝绸之路贸易繁盛，将产品大量销往海外，是唐代广东重要的外销瓷生产基地之一。北宋初期，停止烧造。废窑堆积相当丰富，1957 年被发现，1961 年和 1997 年进行考古发掘，出土瓷器有碗、盘、罐、盆等，器物肩部和足底部有较多的刻画符号和文字，其他装饰花纹则较少见；发现窑炉遗迹 5 座，窑炉形态为馒头窑，由窑门、火膛、窑床和烟道组成，3 个烟道为筒状。这处古窑址，记载了唐代新会的历史，是江门海上丝绸之路海外商贸文化遗产之一，为研究当时新会陶瓷手工业发展提供了实物依据，是唐代新会手工业发展和海外贸易开发的宝贵史料。2015 年，官冲窑址被广东省人民政府公布为广东省文物保护单位。

官冲窑址（左）及出土文物（右）

2. 大洲湾遗址 （明）

位于江门市台山市上川岛大洲湾，即上川岛西北部新地村前的海滩，2004 年台山市博物馆在这发现了明代瓷残片堆积区，从中采集到残片标本 300 多件。遗址范围从西方传教士方济各 · 沙勿略墓园南侧海岸开始，延伸到朱家庄村外海岸的北侧，东西宽200米，南北长450米。2014年发现其文化堆积层的密集区分布在紧靠海岸东西10米范围的狭长地带内，瓷片种类有红绿彩瓷、青花瓷、青花红绿彩瓷、白釉瓷等。器形以盘碗等日用器为主，有少量的琢器如小罐、梅瓶。纹饰题材丰富多彩，包括历史神话人物、小说故事人物、飞龙、凤凰、狮子戏球、花鸟等，青花绘画流畅挥洒，红绿映衬，绚丽夺目。款式众多，可见“大明年造”“大明嘉靖年造”“正德年造”等年款及吉祥语款、窑坊款、十字架形款。瓷器产地有景德镇窑、潮州枫溪窑、福建窑等，多数是明正德九年至嘉靖三十六年（1514—1557年）的景德镇民窑产品。瓷器销往东南亚、中东、东非等地区。明朝当时对外是实行海禁政策，葡萄牙商队曾一度航行至上川岛并在此开始贸易。上川岛成了澳门开埠之前葡萄牙人进行贸易活动的一个重要据点，对研究海上丝绸之路的发展、明代对外政策的变迁具有重要价值。2015年，大洲湾遗址被广东省人民政府公布为广东省文物保护单位。2019年设立大洲湾陈列馆。

大洲湾遗址

3. 方济各·沙勿略墓园（明、清）

方济各·沙勿略墓园位于江门市台山市川岛镇大洲村三洲港西北部的大象山，纪念的是明嘉靖年间（1522—1566年）随葡萄牙商船东来传播天主教福音的方济各·沙勿略。他是西班牙人，第一个随海上丝绸之路来华的耶稣会会士、耶稣会创始人之一，明嘉靖三十一年（1552年）

病逝于上川岛。墓园经多次重修和扩大，现存墓园占地面积 2 万平方米，主要建筑有两处。一处是方济各·沙勿略墓堂，占地面积 142 平方米。方济各·沙勿略的事迹传到西方后，他被罗马教廷封为圣者，崇祯十二年（1639 年）澳门教会集资在此为方济各·沙勿略立碑并建衣冠冢，同治八年（1869 年）重修。墓堂坐东向西，一开间，硬山顶，西班牙式木结构，长 17.6 米，宽 8.65 米。门楼是一座高三层带钟楼的哥特式建筑，高 17.45 米，塔顶为八角尖锥体，上有十字架，首层正面上方刻“1869”铭文，衣冠冢在教堂中央，墓碑上刻“康熙三十八年（1699 年）方济各·沙勿略”。两边放置排椅，正前方是耶稣受难的十字架。十字架下方立着一尊方济各·沙勿略的塑像。另一处是方济各·沙勿略抵达上川岛后亲手挖掘的一口水井（俗称“圣井”），与 20 世纪初历史文献照片中的保持一致，完整性较好。2017 年 12 月，“方济各·沙勿略墓园及大洲湾考古遗址公园”被列入第三批国家考古遗址公园立项名单。墓园是中西文明早期直接接触的重要见证，更是明清中西宗教文化交流、明清至近代世界格局与中外关系演变的实物见证。方济各·沙勿略在西方被奉为东方圣人，该墓园从其离世后历经明清、民国多次发展扩建的同时，世界各地每年来岛朝圣者络绎不绝，岛上的村落中至今还有大量虔诚的天主教信众。2015 年，方济各·沙勿略墓园被广东省人民政府公布为广东省文物保护单位，现由台山市民族宗教事务局管理。

4. 陈白沙祠 （明）

位于江门市蓬江区白沙大道西，建成于明万历十二年（1584 年），坐西北向东南，占地面积 922 平方米。陈白沙祠平面布局为四合院式，主体建筑排列在纵轴线上，由祠门进依次为春阳堂、贞节堂、崇正堂、碧玉楼，均硬山顶，布瓦绿琉璃剪边，以左右对称的庑廊连接，布局严谨，祠内有大量明清碑刻，为一进四座挂两廊的建筑。“贞节牌坊”木石牌楼在陈白沙祠前 2 米，为一座面阔三间、进深两间的木石结构牌楼，诏建于明成化十三年（1477年），以旌表陈白沙母亲林氏夫人的贞节事迹。明万历三十九年（1611年）奉诏重修，具有重要的历史和文物价值。陈白沙祠已成为江门市首屈一指的历史文化品牌，1985年辟为陈白沙纪念馆，2019年被国务院公布为全国重点文物保护单位，是著名的旅游景点，现为江门市博物馆。

陈白沙（1428—1500年），名献章，新会区城北圭峰山下都会村人，是明代著名的自然主义思想家、教育家、书法家、诗人、生命科学家，岭南古琴第一人。他开创的学说被称为“白沙学说”或“江门学派”，其为明代心学的先驱。因少年时随祖父迁居白沙乡（今属江门市蓬江区）的小庐山下，故被后人尊称为“白沙先生”。

陈白沙祠

5. 新会学宫 （明、清）

又名文庙、孔庙。位于江门市新会区会城公园路马山西侧。始建于北宋庆历四年（1044年），被毁于元代兵火，明代重建，以后历代均有重修。占地面积12 189平方米，建筑面积4 159平方米，当时是按山东曲阜孔庙模式、因地制宜建造的。建筑坐北向南，三路五进。大成殿是正殿，面宽五间，进深三间，保留明代的建筑风格，占地面积567平方米，高17米，重檐歇山顶，四周通廊置24根檐柱，内为12根金柱，正脊为“咸丰辛酉如壁店造”的花脊，上塑有双龙拥珠，中间为葫芦宝刹，重檐四角还挂有陶钟。1956年在原址重建戟门（大成门）、东西两庑、两庑、两廊和尊经阁、“蹈和”“履中”两殿。新会学宫具有重要的古建筑艺术价值和孔学文化研究价值。1958 年成立新会区博物馆对其进行管理。1989 年，新会学宫被广东省人民政府公布为广东省文物保护单位。

新会学宫

6. 《大田洞摩崖石刻平瑶记》石刻 （元）

位于江门市恩平市大田镇石山村石山东北坡。元至正十三年（1353 年）刻，坐西南向东北，高 1.65 米，宽 1.55 米，总面积 2.56 平方米，刻面呈正方形，周边刻有云纹。全文共 762 字，竖刻 48 行，每行 16 个字，楷书，阴刻，苍劲有力，经历了 600 多年的风雨侵蚀，缺 223 字，整体基本完好。刻文记载了通判吴元良（今恩平市沙湖镇上凯岗村人）率壮士数千人直入大田洞，采取软硬兼施的策略，平定“瑶乱”的情况。石刻为恩平儒学学正郑文遑撰文，并被刻在石山脚下的一块巨石上。石刻说明瑶族曾在大田定居生活，对研究恩平少数民族史有重要价值。1989 年，《大田洞摩崖石刻平瑶记》石刻被广东省人民政府公布为广东省文物保护单位。

《大田洞摩崖石刻平瑶记》石刻

7. 梁启超故居 （清）

位于江门市新会区会城街道茶坑村中村二巷。建于清光绪年间（1875—1908 年），坐东南向西北，建筑面积 400 平方米，包括故居、怡堂书室、回廊陈列室。故居有正厅、偏厅、两房、门廊、天井，二楼设木板阁楼等。怡堂书室又称读书处，是梁启超少年时读书的书室，婚后梁启超与妻子李蕙仙在此居住，长女梁思顺在书室出生。故居是梁启超出生和少年时期生活的地方，具有重要的历史意义。1996 年，梁启超故居被国务院公布为全国重点文物保护单位。

梁启超（1873—1929 年），字卓如，号任公，又号饮冰室主人，中国近代著名的资产阶级改良主义者、维新派领导人之一。17 岁于清光绪年间中举，18 岁师从康有为，1895 年随康有为赴京会试并参与组织“公车上书”。1896 年在上海主编《时务报》，次年主讲长沙时务学堂，积极鼓吹和推进维新运动。1898 年组织发动了著名的戊戌变法（又称维新运动），失败后流亡日本，其政治思想逐渐走向保守。他在文学方面倡导文体改良，晚年在清华学校（今清华大学）讲学，学识渊博，著述涉及政治、经济、哲学、历史、语言等方面。

梁启超故居

8. 开平碉楼 （清、民国）

位于江门市开平市。建于清顺治年间（1644—1661 年）的三门里迎龙楼是开平现存最早的碉楼，代表了开平碉楼的早期形态。2001 年被国务院公布为全国重点文物保护单位的 35 座碉楼主要分布在自力村、马降龙村、锦江里村和三门里村，是广东开平侨乡民间建筑的一大特色。开平碉楼是中国乡土建筑的一个特殊类型、一种中西合璧式的建筑，是集防卫与居住于一身的多层塔楼式建筑，也是地域性历史文化在建筑上的反映。碉楼始建于清初（17 世纪），大量兴建是在 20 世纪二三十年代，原用于避洪涝、御盗贼，侨胞们强烈的思乡情结造就了这时期碉楼建设进入高峰期。现存碉楼 1 833 幢，分布在全市 15 个镇（街道），从功能上区分，有家族居住的居楼、村人集资兴建的众楼、用于打更放哨的更楼 3 种。从建筑结构与材料上区分，大致有石楼、三合土楼、砖楼、钢筋混凝土楼 4 种。碉楼由分布于世界各地的华侨吸取各自侨居国的建筑风格，结合中国建筑传统而设计建造，风格迥异，有中国古代建筑的硬山顶式、悬山顶式，中西合璧的园林式、别墅式、古罗马式、中东式、美国式、英国式、德国堡垒式、教堂式等 10 余种。碉楼既有古希腊、罗马的风格，又有哥特、伊斯兰、巴洛克式的建筑要素。这些不同风格、不同流派、不同宗教的建筑元素在开平碉楼中和谐共处，表现出特有的艺术魅力。它以世界各国建筑艺术总汇而著称，反映了侨乡文化的超前性和创新性，在中国乡村建筑史上堪称奇迹，开平碉楼也因而被称为近代建筑博物馆，成为中国华侨文化的纪念丰碑。2000 年成立开平碉楼与村落保护管理办公室。2007 年 6 月 28 日，开平碉楼与村落被列入《世界遗产名录》，成为中国第 35 处世界文化遗产。

开平碉楼

9. 司徒美堂故居 （清）

位于江门市开平市赤坎镇中股村牛路里第四巷，坐东北向西南，是一座三廊二房一厅的瓦顶、砖木结构的典型南方民居，面阔三间，右侧前面附有下廊，总占地面积 111.49 平方米，建筑面积 86.78 平方米。2019 年，司徒美堂故居被国务院公布为全国重点文物保护单位。

司徒美堂（1868—1955 年），原名羡意，字基赞，著名旅美侨领，中国致公堂（后改为致公党）创始人之一。清光绪六年（1880 年）到美国谋生，光绪十年（1884 年）加入洪门致公堂，追随孙中山参加辛亥革命，帮助筹款。组织安良堂，担任安良堂总理 40 多年，对辛亥革命、抗日战争和解放战争做出了重要贡献。致力于保护华侨在居住国的权利，深得美洲华侨爱戴。抗日战争时期，积极发动华侨筹资捐款，支持祖国抗战。1949 年回国，任中央人民政府委员会委员、全国人大常务委员会委员、全国政协委员、中央华侨事务委员会委员等职，参加了中华人民共和国开国大典，是名扬海内外的爱国爱乡华侨领袖，其故居对开展爱国主义教育和统战工作具有重要的意义。

司徒美堂故居

10. 风采堂 （民国）

又名名贤余忠襄公祠，位于开平市三埠街道东堤路。始建于清光绪三十二年（1906年），1914年竣工。由门楼、名贤余忠襄公祠、风采楼及坪地组成，占地总面积5 364平方米。坐西南向东北，三进三路，左右两路之间以青云巷连接，共有三进十五厅六院，中路有头门、拜亭、中堂和后堂，后面设风采楼，高3层，砖混结构，中西风格。规模宏大，采用砖、石、钢、木和钢筋混凝土组合结构，在建筑形式、空间和装饰上以岭南特色为主，巧妙地糅合了西洋建筑元素，别具一格，是余氏族人为纪念北宋名臣余靖而集资兴建的，是体现五邑侨乡中西文化交融的实物，是近代岭南地区祠堂的杰作之一。2019年，风采堂被国务院公布为全国重点文物保护单位。

余靖（1000—1064年），韶州（今广东韶关）人，原名希古，字安道，号武溪，是宋朝名臣，北宋天圣二年（1024年）考中进士，与范仲淹、欧阳修、尹洙并称"四贤"，与欧阳修、蔡襄、王素并称"庆历四谏"，皇祐四年（1052年）平定广南路侬智高叛乱。嘉祐五年（1060年）交趾（今越南）犯边扰民，余靖任广西体量安抚使，受命率兵平乱，他以一纸檄文，不费一兵一卒就令交趾遣使求和，继而留任广州知州兼广东经略使、安抚使、市舶使等职，为南方的和平稳定做出了巨大的贡献。为官40多年，两次被贬，三次复出。官至工部尚书，柱国、始兴郡开国公，卒后赠刑部尚书，追谥号"襄"，后人尊称他为"忠襄公"。

风采堂

11. 开平塘口镇自力村

位于江门市开平市塘口镇强亚村，俗称“黄泥岭”，由安和里（俗称“犁头咀”）、合安里（俗称“新村”）和永安里（俗称“黄泥岭”）三个方姓村组成。清道光十七年（1837 年）安和里首先立村，合安里于光绪三十一年（1905 年）建村，永安里于现代从黄村迁来。鸦片战争后，人民生活困苦，加上西方国家来华招募劳工，一批批自力村村民开始旅居海外。20 世纪 20 年代，因土匪猖獗、洪涝频繁等，当地侨胞为保护家乡亲人的生命财产安全，陆续兴建了 15 座风格各异、造型精美的碉楼。这些碉楼将中国传统乡村建筑文化与西方建筑文化巧妙地融合在一起，罕有地体现了近代中西文化在中国乡村的广泛交流，成为中国华侨文化的纪念丰碑和独特的世界建筑艺术景观。楼内保存着完整的家具、生活设施、生产用具和日常生活用品，丰富而有趣，是当时华侨文化与生活的见证。自力村碉楼群结构坚固，中西合璧，是开平碉楼兴盛时期的杰出代表。有的是根据建楼者从外国带回的图纸所建，有的没有图纸，只是出于楼主的独特心思。自力村自然环境优美，水塘、荷塘、稻田、草地散落其间，与众多的碉楼相映成趣，美不胜收，是世界文化遗产地之一，村中的碉楼属开平碉楼的一部分，是全国重点文物保护单位。

开平塘口镇自力村

12. 蓬江棠下镇良溪村

又称“蓢底村”，位于江门市蓬江区棠下镇北面，与鹤山市雅瑶镇相邻，面积 7.6 平方千米，有 1000 多年历史，是一个开基久远、历史文化内涵丰富且至今保护较为完好的古村落。它保留了迷人的自然风光，有气势宏伟的罗氏大宗祠、明代护村墙、古老的龙船脊民居，村内建筑尽显明、清、民国时期建筑风格；流传着地道的饮食文化，有由清道光进士罗天池始创的、有百年历史的柑普茶，有营养价值丰富的土特产剑花（霸王花）等。良溪古建筑包括有罗氏大宗祠（含罗贵墓，为广东省文物保护单位）、节孝流芳牌坊（为江门市文物保护单位）、五部堂等。节孝流芳牌坊建于清乾隆元年（1736 年），落款为“旌表节妇罗门吴氏”，浮刻“恩荣”。良溪古村是南迁始祖罗贵率众南迁的终点站，也是中原文化、岭南文化与海外文化交接的一个重要的中转站，故又被称为“后珠玑巷”，是中国历史文化名村、广东省古村落。

罗贵（1086—1131 年，一说卒年不早于 1143 年），原名以达，字天爵，号琴轩，赠吏部尚书。南宋绍兴元年（1131 年）农历正月，率领 37 姓 97 家从南雄珠玑巷启程，南迁冈州蓢底（新会良溪），此次迁徙规模及影响都很大，为珠江三角洲带来了农业开发生力军，推动了岭南经济文化的发展。

蓬江棠下镇良溪村

13. 台山斗山镇浮月村

位于江门市台山市斗山镇墩头村，原名“浮溪村”。因“洋楼”而闻名遐迩。这里曾被评为“台山新八景”之一，村中有20座洋楼，其中较有名的有为中山阁、贤安庐、安雅庐、兰芳居、觉庐、臻华居、恒安居、仕庐、英庐、源庐、炯庐、鎏庐、晃庐、惠华居等。其中，惠华居历史最为悠久，建于1917年；觉庐最“年轻”，于1936年完工。这些高低不一、错落有致的碉楼，散落在红花绿树之中，从远处看去，十分美丽壮观。它们以西式为主，只在局部和部分材料上还保留着中国南方农村建筑的特色，同时，又有防御的功能，是洋楼和碉楼的结合体。中山阁比较特殊，它以建造者为纪念其父与孙中山早年在美国建立的一段革命情谊而命名，楼名彰显了家族的荣耀。贤安庐是旅美华侨的杰作，于1927年建成，是浮月村最漂亮的碉楼之一，其特点是用红砖砌墙，故又被称为“红楼”；碉楼第三层的四角设凸出的角楼，即“燕子窝”，起防御作用；最引人注目的地方是中间的四角亭上耸立着高突的穹隆顶，宛如古罗马战将的头盔。

台山斗山镇浮月村

（九）岭南土著文化发祥地——肇庆

肇庆是远古岭南土著文化的发祥地之一，先秦时期，肇庆属百越地，有受中原商周文化和长江流域楚越文化影响的痕迹，也有岭南文化的显著特征。秦始皇三十三年（前 214 年），秦平定百越，建南海郡、桂林郡及象郡。秦置四会县，辖区包括现四会、广宁、怀集等市县的全部或部分，今肇庆部分地域属桂林郡，南越国时隶南海郡。从汉代到清代，肇庆多次成为岭南政治、经济、文化中心，是中原文化与岭南文化、中国传统文明与西方文明交汇较早的地区之一。肇庆古称端州，乃中国四大名砚之首端砚的产地。肇庆之名的由来，全因为宋徽宗，时为端王的赵佶登上皇帝宝座，亲笔御书“肇庆府”三字，肇庆之名沿用至今。肇庆为国家历史文化名城，德庆为广东省历史文化名城，全市现有全国重点文物保护单位 6 处、广东省文物保护单位 47 处。主要名胜古迹有古遗址、古建筑、石刻、近现代重要史迹及代表性建筑。如古人类的生活遗址封开黄岩洞洞穴遗址，属六祖遗迹的梅庵，肇庆重要地标肇庆古城墙，反映中西关系史的崇禧塔，悦城龙母祖庙，号称中国“古塔四绝”之一的德庆三元塔，叶挺独立团团部旧址等。

1. 黄岩洞洞穴遗址 （旧石器时代、新石器时代）

位于肇庆市封开县河儿口镇狮子岩山西南山麓，面积约 240 平方米。考古发掘了洞穴上层堆积与中层堆积，在堆积层的剖面可见石器及动物化石。堆积中有灰烬、炭屑，和猪、鹿等现生种属动物的牙齿、骨骼，以及螺蚌贝壳。发现晚期智人头颅骨化石 2 件，出土打制石器 1 000 多件，有砍砸器、刮削器、石核、石锤，还有穿孔器、磨刃石器等，碳十四测定堆积层的年代为距今 11930±200 年。在洞穴下层西支洞发现化石哺乳动物群 30 个种属，地质年代为更新世晚期，经测定年代为距今 136000±9000 年。堆积层保存完整，文物丰富，是我国南方地区具有地层关系的典型史前石器文化遗存，人类头颅骨化石的发现补充了华南地区晚期智人的化石材料，扩大了华南地区智人化石的分布范围，是我国古代人类“西江走廊”的证据之一，对确定华南地区旧石器时代晚期向新石器时代早期过渡阶段的文化内涵、特征和序列具有十分重要的意义，对完善广东地区考古文化谱系具有特殊的作用，为我国南方地区及全国的史前考古提供了丰富而宝贵的实物资料，具有重要的历史和科学研究价值。1979 年，黄岩洞洞穴遗址被广东省人民政府公布为广东省文物保护单位，现建有黄岩洞遗址陈列馆。

黄岩洞洞穴遗址

2. 梅庵 （宋）

位于肇庆市端州区城西梅庵路，北宋至道二年（996 年），智远和尚为纪念先师，在唐代禅宗六祖惠能插梅处建庵，庵以梅命名，以示不忘。明嘉靖年间（1522—1566 年）改为夏公祠，将佛像迁移至堂后，明万历元年（1573 年），有宝林寺寺僧复种梅，并重修庵，清康熙九年（1670 年）重修山门与六祖殿，康熙三十五年（1696 年）重修大雄宝殿，1935 年在梅庵东侧建六云亭和常光亭。坐北朝南，现存山门、大雄宝殿、祖师殿，庵内有六祖殿、众缘堂、荃香室、常光亭、六云亭等，山门前有六祖井泉和碑廊，砖木结构，建筑面积约 1 400 平方米。大雄宝殿保留了宋代的建筑风格，为广东省现存最古老的木构建筑之一。斗拱为七铺作，双杪三下昂，出跳总长达 120 厘米，位居全国斗拱前列。斗拱拱头无拱瓣，为宋代《营造法式》问世以前的古风；斗底刻皿板，保留中唐以前之古制，同时斗拱还保留有拱栓、昂栓，这一突出特色全国罕见。梅庵的山门前有一口惠能当年所掘的井，被称为“六祖井”，又称“六祖甘泉”。井深 8 米左右，水清澈，井旁有刻碑记述。

梅庵是古端州名刹，以其独特的建筑艺术著称岭南，在我国古建筑的结构、建筑艺术和建筑技术史上，都有着重要的科学研究价值，在佛教史上的影响也不可低估，具有很高的历史和文物价值。1990 年成立肇庆市梅庵管理办公室负责对其进行管理。1996 年，梅庵被国务院公布为全国重点文物保护单位。

梅庵

3. 包公井 （宋）

位于肇庆市端州区。明末清初著名学者屈大均所著的《广东新语·肇庆七井》记载：“包孝肃为端州守，尝穿七井。城以内五，城以外二，以象七星。其在西门外者，曰龙鼎冈井，民居环抱，清源滑甘，为七井之最。”七井中，影响最大的水井有三口：其一，位于府治内，即今丽谯楼背后第一人民医院内（丽谯楼元末明初均为肇庆府衙所在地）；其二，龙顶岗井（今称大井头），水源充足，可以饮用，井呈圆筒形，以弧形花岗石砌井壁，井栏为石灰石，栏口内壁有近 20 条深深的绳痕，井壁是清代时重新砌筑的，石灰石井栏则为原物；其三，在今米仓巷，即原包拯丰济仓（元代改名广济仓）所在地，该井井水无人饮用。包公井现仅存两口，端州城西的龙顶岗西麓三联巷的一口是其中之一，该井呈圆桶形，以弧形花岗岩石砌井壁，井深 6.2 米，内径 1.4 米。井栏为石灰岩造，高 0.35 米，栏口最深绳痕 6 厘米，记载着近千年的历史沧桑。这口包公井水量最大，保存最完整，水质也最为甘洌，俗称“大井头古井”。

清雍正十年（1732 年），龙顶岗包公井曾一度被湮没，后又被清理恢复。为当地民众饮用净水，防治疫病起了重要作用，虽年代久远，但券砌精工，井泉甘洌，记录了历史名人善政，文物价值巨大，是名臣包拯在宋康定年间任端州知州三年期间 1040—1042 年）主持开凿的。2002 年，包公井被广东省人民政府公布为广东省文物保护单位。

包公井

4. 肇庆古城墙　（宋至清）

位于肇庆市端州区城西宋城路。肇庆有城，始于汉，城址在今城东郊。北宋康定元年（1040 年），名臣包拯任端州知州，他将州治西迁，建州衙于今披云楼南侧城内。皇祐五年（1053 年），知州江柬之以土构筑子城以卫州衙，仅容下官舍。元符三年（1100 年）、政和三年（1113 年），端州先后升格为兴庆军和兴庆府。知州郑敦义于政和三年（1113 年）扩筑子城，筑为砖城，周长 871 丈，开四门，此即今之古城墙。肇庆古城墙呈长方形，周长约 2 800 米，宽 8 ~ 18 米，高 6.5 ~ 10 米，分布于东、南、西、北四面。重和元年（1118 年），徽宗赐“肇庆府”御书，兴庆府改名肇庆府，明洪武元年（1368 年）首次修城，明成化年间（1465—1487 年）增置串楼 810 间，并在城墙西北处重建披云楼（三层，楼高 19.3 米，建筑面积约 300 平方米）。崇祯十四年（1641 年）对肇庆古城墙做了更大规模的修葺，把城墙增高了约 1.17 米（3.5 尺），改建了四门月城，增建了城门马路。清顺治八年（1651 年）修葺楼堞，

1924—1926年，将城墙上的城门楼、雉角楼、文昌阁、月城炮台全部拆除，局部地段的城墙也拆低，并填塞东、西、北城门，修成斜坡以利交通，北城门（朝天门）前有1915年修建的防洪水闸。城墙砖铭有历代纪年，如北宋“崇宁元年”（1102年）、明“正德八年”（1513年）、明“正德九年”（1514年）等；城墙砖铭的地名有“高要县”“高明县”“德庆县”“广宁县”“四会县”“曲江县”“仁化县”“康州泷水县”“新州”“英州真阳”等。此外，它又起着防洪抗灾的作用，曾抵御了167次超警戒水位9米以上的洪水袭击。肇庆古城墙基本保留宋代的位置与形制，是广东省内唯一主体基本完整的古城墙，对研究肇庆历史，特别是宋代以来肇庆府城的历史、建筑文化等有着重要的意义。肇庆古城墙是国内现存较罕见的、保存基本完整的宋至清代砖砌城墙，具有重大的历史、科学和文物价值。1986年成立了披云楼管理办公室，负责对古城墙的管理。1996年，肇庆古城墙被国务院公布为全国重点文物保护单位。

肇庆古城墙

5. 德庆学宫 （元）

位于肇庆市德庆县旧城区的中心朝阳路。北宋大中祥符四年（1011年），在康州诏置孔子庙，于紫极宫故址（今子城东五里）修建，庆历三年（1043年），知州事李仲求重修，元丰四年（1081年）迁今址。南宋绍兴元年（1131年）十一月，以康州诏升为府，名德庆府，为德庆府孔子庙。元至元元年（1264 年），孔子庙被大水冲圮，大德元年（1297 年），府学教授林舜咨重建大成殿、两庑，于殿后建尊经阁，阁下为议道堂。明洪武九年（1376 年）改为州学。清康熙五十八年（1719 年），以明伦堂改启圣祠，移建明伦堂于文庙东，并建义学。雍正元年（1723 年），改启圣祠为崇圣祠并重修。光绪二十九年（1903 年）建尊圣义祠。主体建筑大成殿，坐北向南，平面呈正方形，面积 304.3 平方米，为重檐歇山顶，其建筑风格保留了宋代木构建筑的特点，是我国元代木构建筑中不可多得的实例，显现出古代建筑在选址、布局上的风水观念。无论外部造型还是内部结构，都有很高的建筑艺术价值，是古代典型的岭南建筑，是不可多得的建筑佳品。主体建筑大成殿以“四柱不顶”闻名于世，被誉为南国古建筑明珠，对研究南方元代建筑有重要价值。德庆学宫保留着宋、明时期南方建筑的特色，也是研究肇庆文化教育发展历史的重要文物。1996 年，德庆学宫被国务院公布为全国重点文物保护单位。2000 年成立德庆学宫文物管理所负责对其进行管理。

德庆学宫

6. 崇禧塔　（明）

位于肇庆市西江岸边，由岭西副使王泮建于明万历十年（1582 年），万历十三年（1585 年）竣工。因西江水“滔滔而东，其气不聚，人才遂如晨星”，若建塔聚气，可使人才辈出；又因西江水患频仍，建塔可镇住“祸龙”，永固堤围，于是有造塔之举。而塔名，则取“文运兴旺、鸿福无疆”之意。屹立于塔脚路北侧的石顶岗上，巍峨壮观，气势非凡。这座塔是楼阁式穿壁绕平座砖木结构，外观九层，内分 17 层，高 57.5 米。基座为石砌，形状是八角形，高 1.84 米，周长 46.5 米，每层塔的檐角均吊有风铃，如遇风吹就会发出响声。塔结构严谨，雄伟壮观，承继了唐宋时期的塔形风格，又具有明代建筑特色。塔基八个角均有石雕“托塔力士”和“二龙戏珠”“鲤跃龙门”“双凤朝阳”“麒麟献瑞”等浮雕图案。塔身比例匀称，自下而上逐层减高与收分。“托塔力士”群像造型生动，表情亦庄亦谐，姿势神态各异，刀法粗犷古朴。图案群雕则刀法细腻，线条洗练，寓意吉祥。传教士利玛窦，其于万历十一年（1583 年）在塔旁边建造欧式天主教堂。1978 年，崇禧塔被广东省人民政府公布为广东省文物保护单位。

崇禧塔

7. 三元塔　（明）

位于肇庆市德庆县城东南方的白沙山上，建于明万历二十七年（1599 年），有 400 多年历史。这座三元塔，取科举制度考试中“三元”（指当时科举考试中殿试、会试、乡试的第一名，即状元、会元、解元；清朝以后，这“三元”又演变成殿试中的三甲，即状元、榜眼、探花）。建筑结构独特，为楼阁式穿绕平座砖塔，平面呈八角形，外观 9

层，内为17层，高约58米，壁厚3.8米，用青砖建造而成，塔基用红砂岩和花岗岩砌成，塔脚八个方位各有一个石雕托塔力士，神态各异。塔内几何线条精确匀称。此塔一曰奇：历经400多年风雨，色艳如新，是中国四大奇塔之一，传说工匠批荡塔身时，按照“永新不旧”的严格要求，选用的材料不是一般的土砂灰浆，而是名贵的朱砂灰浆，因此虽经历400多年的风雨雷电袭击，其外观历久仍新、光彩照人，有“只新不旧”之美誉。二曰特：特别之处是巧妙地运用了《周易》学说，融五行于其中。三曰妙：八角基座各有栩栩如生的“托塔力士”顶托宝塔，寓意团结一致；首层两个圭角形洞门与隔江的三重山成一直线。四曰缘：三元塔又名“常青塔”“永恒塔”，宋朝丞相李纲曾与三元塔结缘，路经此地留下《横翠亭》诗，苏东坡也在此地留下遗踪。1989年，三元塔被广东省人民政府公布为广东省文物保护单位。

三元塔

8. 丽谯楼基座 （明）

位于肇庆市端州区城中路，建于北宋重和元年（1118年）。宋徽宗曾为端王，端州是他的封地，继皇位后，升端州为府，丽谯楼是为御书“肇庆府”而建，故又名御书楼，明天顺六年（1462年）重建，改称丽谯楼。南明隆武二年（1646年），桂王朱由榔抗清时在此登基，改作永明宫。中华人民共和国成立之初，因该楼为红色，俗称红楼。石台基长 34.5 米，宽 14.45 米，高 6.14 米。台基开辟一券拱形门道，高 4.9 米。楼为重檐歇山顶，面宽 18.8 米，进深 14.3 米，高 12.19 米。丽谯楼曾有铜壶滴漏、乾宁铜钟、大藤鼓等报时器，以报时刻。楼后府衙是古端州治所，宋名臣包拯曾在此任职三年，政绩卓著，以“不持一砚归”的清廉之风闻名于世。现丽谯楼台基拱道门上还有匾额“古端名郡”和对联“星岩朗曜光山海，砚渚清风播古今”。1997 年，肇庆市人民政府在台基上重建两层仿古楼阁，对研究肇庆城市发展历史有重要价值。2012 年，丽谯楼基座被广东省人民政府公布为广东省文物保护单位。

丽谯楼

9. 泰新桥 （明、清）

位于肇庆市封开县平凤镇平岗村古街，建于明嘉靖十二年（1533 年），清嘉庆年间（1796—1820 年）重建，为 3 孔梁柱式廊桥，桥长 10.89 米，宽 3.4 米。桥上有涵盖全桥的桥屋，面宽三间，进深三间，歇山顶。题记写在脊串下，脊槫截面为圆形，顺脊串砍作腰鼓形，其两端雕刻花纹，梁架间以驼峰斗拱承托，驼峰上刻如意纹，明间两侧驼峰雕刻“鲤跃龙门”“双狮戏球”“丹凤朝阳”“麒麟献瑞”等图案。屋脊饰灰塑卷草纹，脊身看面灰塑浮雕卷草花纹。桥墩为方形花岗岩石柱，每墩用 4 根石柱排成一列，共 4 列，每列相对于桥廊的各缝梁架。石柱脚以较平整的石块垫承，不施斧凿。柱上架梁，梁上铺以桥板。穿斗与抬梁混合构架，建筑精巧，造型古朴，桥下部分保留了我国唐宋时期木结构梁柱或桥梁的古制，十分珍贵。1989年，泰新桥被广东省人民政府公布为广东省文物保护单位。

泰新桥

10. 悦城龙母祖庙　（清）

位于肇庆市德庆县悦城镇水口三江汇流处，始建于秦汉，历代皆有修葺。现存的龙母祖庙重建于清光绪三十一年（1905年），为砖、木、石结构，建有石级码头、石牌坊、山门、香亭、正殿、两庑、妆楼、行宫、龙母坟等。龙母祖庙最为值得称赞的是其精湛的建筑艺术，庙内雕梁画栋，木雕、石雕、砖雕、灰塑堪称一绝，被誉为“古坛仅存”。龙母祖庙按低水区特点设计：柱基特高，墙四周砌以水磨青砖，盖以琉璃瓦，殿内外地面全以花岗岩石板铺设，每逢水淹过后，庙内稍微清扫便干净如故，此庙集两广能工巧匠，运作七年才修建完成。传说，龙母姓温，秦时人，自小能预知祸福，且乐善好助，人称神女。一天，温氏在西江边濯洗时偶拾到一大卵，孵出5只小动物，长大后变成头上生角、身皆鳞甲的五条真龙，保境安民，人们便称温氏为龙母。后来龙母仙逝，五龙悲痛欲绝，化作五秀才，将龙母葬于北岸的珠山下。后人在此建庙，名曰“孝通庙”，后改为“龙母祖庙”。悦城龙母祖庙重建至今，历经洪水雷雨等而墙不裂、地不陷、害虫不蛀、雷电不侵，堪称建筑史上一绝，2001年被国务院公布为全国重点文物保护单位。

悦城龙母祖庙

11. 七星岩摩崖石刻与石峒古庙 （唐至民国）

位于肇庆市端州区七星岩风景区。摩崖石刻共有533方，散布于七星岩的石灰岩山体的8处，其中以石室岩最多。石刻最早的始自唐代文学家兼书法家李邕，他在七星岩石室洞口留下著名的《端州石室记》。此后，历代名人雅士都被七星岩的山水所吸引，留下了众多的摩崖石刻。其中刻于唐的4则，刻于宋的79则，刻于元的12则，刻于明的147则，刻于清的126则，刻于民国时期的11则，所刻年代不详的57则，刻于现代的97则。石刻以汉字为主，也有藏文和其他文字，汉字的字体有篆、楷、隶、行、草书，构成了南方独特的书法艺术宝库。2001年，七星岩摩崖石刻被国务院公布为全国重点文物保护单位。

石峒古庙始建于唐初，明万历十三年（1585年）重建，清嘉庆三年（1798年）、道光二十二年（1842年）重修，古庙置于岩洞中而得名。庙中供奉附近百姓的神，称周氏神。因传说庙中的石钟乳有一小洞曾流出白米，故俗称“出米洞”。庙内发现有元至正九年（1349年）剌思八朵儿只的题刻，其时任广东道宣慰司副使（从四品）。该庙正殿及献殿是研究岭南现存早期殿堂建筑营造工艺的珍贵遗存。1987年成立星湖文物管理所负责对其进行管理。2002年，石峒古庙被广东省人民政府公布为广东省文物保护单位。

七星岩摩崖石刻

12. 三洲岩摩崖石刻 （宋至清）

位于肇庆市德庆县九市镇三洲村的三洲岩溶洞内，在东面、南面、西面、东北面以及西北面均分布有摩崖石刻，总面积约 3 145 平方米。大部分题刻见载于清光绪《德庆州志·金石》，因风雨侵蚀剥落及其他原因，现存宋至清及时代不明的摩崖石刻 100 题，其中刻于宋的 10 题，刻于明的 79 题，刻于清的 4 题。石刻内容有诗词类、游记类、题字类、叙事类等题材；从书法艺术上看，楷书、行书、草书、隶书等字体俱全，均为阴刻，各具风格。北宋熙宁元年（1068 年）南琴的题刻有异体字 13 个，其中有两字为武则天所造。三洲岩摩崖石刻保存基本完好，数量较多，艺术水平高，文化内涵丰富，时代跨度大，对研究历史事件、官宦仕途沉浮、文字的发展及书法艺术具有重要的历史意义；其内容印证了重要历史事件，是正史有力的佐证；反映了政治人事的变迁、文化发展的演变，是对当地历史高度的凝练和浓缩，充分体现了地域特色，具有重要的历史、科学和文学艺术研究价值。2002 年，三洲岩摩崖石刻被广东省人民政府公布为广东省文物保护单位。

三洲岩摩崖石刻

13. 叶挺独立团团部旧址 （民国）

位于肇庆市端州区城东街道。旧址建筑原为阅江楼，始建于明宣德六年至十年（1431—1435 年），崇祯十四年（1641 年）命名为阅江楼。该旧址坐北向南，南临西江，为四合院式古建筑，占地面积约 2000 平方米，其中庭院面积 248 平方米。楼高两层，分东、南、西、北四座。其中，南楼高 13.9 米，北楼高 12.9 米，东、西两楼均高 12.5 米，通过 4 座耳楼衔接连通。南北两楼为歇山顶，东西两侧楼为卷篷顶。明末清初之际，一度圮毁于战火，清顺治十四年（1657 年）重建。民国时期屡遭日机轰炸，后楼、西楼破坏尤为严重，后修复。北楼地下大厅现存 5 块清康熙两广总督郭世隆所建立的康熙御碑。南楼檐下悬挂两广总督劳崇光所书的“阅江楼”木匾和朱德题写的“叶挺独立团团部旧址”牌匾。1925 年 11 月 21 日叶挺独立团在此成立，1926 年奉命北伐，在北伐战争中取得辉煌战绩，为国民革命军第四军赢得“铁军”称号。大革命失败以后，叶挺独立团的主要骨干先后参加了南昌起义、秋收起义、广州起义。叶挺独立团团部旧址是叶挺独立团成立这一重要历史事件的见证，是研究北伐战争史以及中国共产党创建人民军队历史的重要物质载体，是中国共产党直接领导的第一支正规革命武装叶挺独立团的成立地，2019 年，叶挺独立团团部旧址被国务院公布为全国重点文物保护单位。

叶挺独立团团部旧址

14. 封开罗董镇杨池古村

位于肇庆市封开县罗董镇，是一个明清文化遗产地，被称为“岭南第一村”。在叶氏宗祠前面有一个池塘，池水常年碧绿，清澈见底，池边上有纤细杨柳，和风依依，柳影倒映在池中，故村又称“杨池村”。杨池村于明末清初由登仕郎叶翰彪建，位于大山深处，因此至今仍保留着古朴的民风。

村寨共有60多间砖木结构的硬山顶或歇山顶建筑，具有明显的明清建筑风格。其中有5间是书院，1间为古代钱庄。钱庄里保存了许多文物，例如“古老的验钞机”，其是一个盘状木制工具，通过检验银币的厚度来检验其真伪，人们的智慧就隐藏在这些经年的用具中。叶氏宗祠是杨池古民居的建筑精华，无论是木雕还是灰塑、壁画，都是岭南古建筑中非常罕见的装饰。3间厅房内，8根木制顶梁柱通体散发古木香味，上面镌刻着工整的对联。村中的建筑物均用经过人工精心雕琢的大块长方形花岗岩石垫砌底角，起到了很好的防潮、防蛀、防塌作用，其结构严密、匀称，造型美观、精致，门窗造型奇特。瓦脊上和正门上方雕镂有花鸟虫鱼、龙凤麒麟等，手工精巧，惟妙惟肖，建筑物内有书法、摹描、图画图案等。

封开罗董镇杨池古村

15. 德庆永丰镇古蓬村

位于肇庆市德庆县永丰镇东北部。南宋开禧元年（1205 年）农历正月，由于金兵入侵中原，世居中原的陈世兴和弟弟陈仁兴逃难至南雄珠玑巷，在此地停留休整后，携子继续南迁，辗转来到德庆县儒林坊（今德庆县城内），至明嘉靖三十六年（1557 年）农历八月，陈仁兴的第九代孙陈文庆迁徙到德庆县永丰镇古蓬村。由此可见，古蓬村已有 400 多年历史。古蓬为壮语，“古”指角落，“蓬”指烂泥，即村落搭建在河漫滩附近。其后成村于清代中前期，村内现存 15 座陈姓公祠和一座三层楼式砖木结构太平楼（炮楼）。各祠建筑结构、风格均有异同。有前中后三进或前后二进，均为三开间，各祠雕梁画栋，建筑结构严谨，气势不凡。村内有明清至民国时期古民居约 300 座，全部建于前后落差约 10 米的平缓坡地上，为砖木结构，当地人称镬耳屋，纵巷较直，大小巷道用石头铺砌，颇具岭南民居建筑特色。2015 年，古蓬村古建筑群（包括太平楼、伯甫陈公祠、翘庄陈公祠、铉望陈公祠、端岩陈公祠、位素书室）被广东省人民政府公布为广东省文物保护单位。

德庆永丰镇古蓬村

16. 高要回龙镇黎槎村

位于肇庆市高要区回龙镇肇江公路旁，有700多年历史，南宋嘉定年间（1208—1224年）和明永乐年间（1403—1424年），有苏姓、蔡姓两族人分别从南雄珠玑巷迁至该村。苏、蔡两姓人开始住在村中的低洼处，由于当时没有水利堤防设施，低洼地带常受洪水淹浸，所以他们又纷纷把房屋建于村中的小山岗上。黎槎古村呈八卦形状，布局精巧，暗藏洛书河图的玄机，以《周易》的八种基本图形，即八卦的符号形状，将房屋建在一座名叫凤岗的小山岗上。这些房屋依山而建，环水而设，以乾、坤、震、巽、坎、离、艮、兑等卦形排列，呈圆形分布，一座座一排排，一圈接一圈，玄机重重，风格独特。整个古村呈大围屋形状，古屋、村道分布走向状似八卦圆形，周边是圆形的护村池塘与环村大道，仅有南北两个出口与外界陆路相通，极具典型的江南水乡特色。环村大道上有10座古朴典雅的门楼。每座门楼代表一个族，共有九里一坊，村庄房屋如八卦分布。

高要回龙镇黎槎村

三、粤东地区名胜古迹

（一）潮汕文化兴盛地——汕头

汕头之名由“沙汕头”简称演变而来，汕头位于韩江三角洲南端，是中国东南沿海的重要港口城市、海上丝绸之路重要门户，是潮汕人重要的祖籍地、聚居地之一，是潮汕文化重要的发源地、兴盛地之一。地域由原潮州府潮阳县、澄海县、南澳县合置。凡“有海水的地方就有潮人”，有潮人的地方无疑就有潮汕文化的存在。潮汕文化是中华民族优秀传统文化的一个分支，有中外文化兼容的特点，以潮汕方言、潮汕英歌舞、潮剧、潮菜、潮绣、功夫茶、潮汕工艺、潮汕抽纱、潮汕民居、潮汕善堂、潮汕商帮、潮汕木雕、迎老爷、出花园、三山国王等特色文化为代表。汕头现有全国重点文物保护单位 6 处、广东省文物保护单位 43 处、广东省水下文物保护区 1 处。主要名胜古迹有汉代建筑遗址、佛塔、炮台、东征军遗迹和明代沉船。澄海龟山的汉代建筑遗址有可能是汉晋时所置的揭阳城；大颠祖师曾两见韩愈，其钟形塔墓颇具特点；国民革命军东征军总指挥部、政治部旧址是东征的见证；而“南澳Ⅰ号”沉船，是研究明代海上丝绸之路的实证材料，具有历史价值和现实意义。

1. 龟山建筑遗址（汉）

位于汕头市澄海区上华镇北陇、官湖的龟山，北临韩江支流东溪，是潮汕地区首次发现的汉代遗址，由于长年的采石开挖，原本呈龟形状的山岗只剩中心的一块。最初的发现者是意大利神甫麦兆良，他于 1936 年在粤东地区进行考古调查时，曾在此地发现和采集过古遗物，并确认这是一处汉代遗址。但此后数十年间，该遗址因无人问津而致湮没，直到 1983 年，澄海县文物普查队在该处采集到一批绳纹瓦及戳印方格纹陶器等汉代遗物，龟山遗址才重新被发现，并引起广东省考古界的重视。1988 年考古团队先后两次对龟山遗址进行勘查和发掘，发现有绳纹瓦砾、陶器、铜器等古遗物，揭露房址 1 座，并探明南坡山腰平台保存有较大型的建筑基址。1992 年对遗址进行大规模的正式发掘，发掘面积 410 平方米，清理房址 3 座，出土文物十分丰富，应属于三个文化期：第一期文化的年代为西汉前期后段，第二期文化的年代为西汉中后期，第三期文化的年代为东汉时期。龟山建筑遗址为探讨汉揭阳城及潮汕历史文化面貌提供了重要而丰富的资料，体现了汉文化与当地土著文化的交流、影响和融合。1989 年，龟山建筑遗址被广东省人民政府公布为广东省文物保护单位。

龟山建筑遗址出土文物

2. 大颠祖师塔 （唐）

别称“舌镜塔”，位于汕头市潮阳区铜盂镇河陇村灵山寺后侧，坐东北向西南，建筑面积约 7.84 平方米，系潮汕地区现存最古老、最完整的和尚墓塔。灵山寺开山祖、中原禅宗第九世祖大颠禅师于唐长庆四年（824 年）圆寂，肉身葬于墓塔内。墓塔呈钟形结构，高 2.8 米，最大直径为 1.8 米，由 78 块花岗石砌成，基座为八角束腰形，并有飞龙走兽及花卉的浮雕图案，其基座有石雕仰莲花瓣承托塔身，塔身的外观呈圆柱状覆钵形，古朴典雅。正面有莲花承托的方形神龛，龛内刻有“唐大颠祖师塔”六字。塔前有石烛台 1 对，石香炉 1 座。大颠祖师塔体现了唐代的雕刻工艺，展现了唐代艺术风格，有很高的历史、文物和研究价值，2019 年被国务院公布为全国重点文物保护单位。

大颠祖师塔

3.文光塔 （宋至清）

位于汕头市潮阳区棉城，始建于南宋绍兴元年（1131 年），重修于明崇祯八年（1635 年），高 42.42 米，八面七层，为平廊楼阁式砖石结构。原名千佛塔，塔内不仅置有佛祖、观音莲座，还有玄天大帝、文昌帝君等神位。塔基为“须弥座”宋代形式，各层楼阁砖石结构和门窗、塔廊、廊石，以及廊臂抬叠式石拱均保留明代风格。正门有石刻门联“千秋文笔振金石，百丈光芒贯斗牛”，塔内巧设螺旋石梯 122 级，设 7 层 24 曲，塔顶置铜铸红葫芦，遍布各层的龙头、狮头、花鸟等造型和八卦花纹、莲花蕾形等图案和雕刻，栩栩如生，完好无缺。全塔融儒、释、道三教文化于一体，集宋、明、清古塔艺术风格于一身，甚为壮观。其结构严谨，坚实雄伟，技艺精巧，天衣无缝。塔历经数百年风雨侵蚀、雷击电轰和期间地震、台风破坏，仍巍然屹立，雄姿不减，完整无缺，足见其建筑工艺造诣之高超。文光塔是我国古代塔建筑文化艺术的一颗璀璨明珠，内涵丰富且造型独特，具有很高的科学文化及社会历史价值。2013 年，文光塔被国务院公布为全国重点文物保护单位。

文光塔

4. 崎碌炮台 （1879年）

位于汕头市海滨路中段石炮台公园内，面向海滨，始建于清同治十三年（1874 年），清光绪五年（1879 年）竣工，位于老汕头埠的东南角，与海湾对岸的苏安山炮台相呼应，扼住汕头海湾出入口，是清代粤东地区的主要海防建筑。19 世纪中期，第一、第二次鸦片战争先后爆发，清朝政府被逼无奈与英国、法国等帝国主义列强签订了丧权辱国的《南京条约》和《天津条约》，实行门户开放，汕头就是当时十个通商口岸之一。潮州总兵方耀以“邻氛不净，潮海严防”为由，奏请清廷筑成崎碌炮台。这是一个典型的环形城堡式建筑，总面积 19607 平方米，其中城堡面积 10568 平方米，有一条宽 23 米、水深 3 米的护台河环绕一周。当年修建的时候主要用贝灰砂加煮熟的糯米饭及红糖浆调试夯筑而成，建筑十分坚固。2013 年，崎碌炮台被国务院公布为全国重点文物保护单位。

崎碌炮台

5. 汕头潮海关旧址 （民国）

位于汕头市金平区、濠江区，包括钟楼、礐石副税务司公馆、外马路副税务司公馆、高级帮办宿舍、华员低级帮办宿舍。钟楼、外马路副税务司公馆、高级帮办宿舍和华员低级帮办宿舍 4 处建筑位于汕头市金平区，建成于 1921—1922 年。礐石副税务司公馆则位于与金平区隔海相望的濠江区，始建于清光绪十五年（1889 年），重建于清光绪二十四年（1898 年）。5 处旧址均为西洋新古典建筑风格，两层，钢筋混凝土清水红砖洋楼，保存完好，形成一定规模的潮海关旧址建筑群。第二次鸦片战争后，清政府被迫签订《天津条约》，并于咸丰九年（1859年）农历十二月初九（1860年1月1日）成立由洋人控制的潮海关（亦称洋关），其是汕头海关的前身，同年7月26日，潮海关（正式名称为“汕头新关”）正式在妈屿岛开关。光绪十四年（1888年），澄海县人民政府划现外马路以南9万多平方米（140亩）海滩给潮海关，1919年，新址开始动工，1922年投入使用，即现今潮海关旧址所在地。直至1988年，该建筑一直为潮海关所在地。潮海关旧址较完整、真实地反映了中国近代海关的制度、运转形态，是了解近代中国社会转变的重要物证。2019年，汕头潮海关旧址被国务院公布为全国重点文物保护单位，现为汕头海关关史陈列馆。

汕头潮海关旧址

6. 国民革命军东征军总指挥部、政治部旧址（1925年）

位于汕头市金平区外马路。原是英国人办的酒店，名曰“适宜楼”，后改为“戈宝抽纱行”，设计合理，具有沿海亚热带建筑特色。1946年由商人张延鑑购置并进行整修，1995年全面进行修缮、修复。国民革命军东征军总指挥部、政治部旧址由两座钢筋混凝土整体式梁板柱砖木混合结构的两层楼房构成，坐东北向西南，始建于1924年。楼高12米，两楼相距4米，每层面积355平方米，每栋通面阔五间，共23.7米，通进深三间，前有外廊，共14.84米。两座总建筑面积699.55平方米，占地面积1420平方米。1925年9月，陈炯明重新占领东江一带，并进攻广州。国民政府为了彻底消灭陈炯明军队，统一广东革命根据地，决定第二次东征，由蒋介石任东征军总指挥，周恩来任东征军政治部总主任兼第一军党代表。东征军一举攻占惠州，三个纵队继续分路进击，11月初收复潮安和汕头，全部歼灭了陈炯明军在东江的主力。11月4日，国民革命军进入汕头时，设总指挥部于西楼，设政治部在东楼。总指挥蒋介石及苏联军事顾问加伦在西楼办公，政治部总主任周恩来在东楼办公。国民革命军两次东征的胜利，统一了广东全境，为后来的北伐战争建立了巩固的后方基地。1996年成立汕头市东征军革命史迹陈列馆。2013年，国民革命军东征军总指挥部、政治部旧址被国务院公布为全国重点文物保护单位，现为广东省及汕头市两级爱国主义教育基地。

国民革命军东征军总指挥部、政治部旧址

7. 中共中央至中央苏区秘密交通线汕头交通中站旧址（1930—1934年）

位于汕头市金平区海平路97号。其当时以“华富电料行”作为掩护，是80多年前土地革命战争时期中共中央交通局组建的几条全国秘密交通线之一，也是中共中央交通局在汕头建立的直属绝密交通站，并且是唯一没有被破坏的交通站，是联络上海党中央和中央苏区的“大动脉”，是中共中央至中央苏区秘密交通线的一个枢纽中转站。从1930年至1934年红军长征前夕，这个交通站先后完成了护送包括周恩来、刘少奇、邓小平、叶剑英、陈云等领导在内的200多位革命先驱经过潮汕、安全进入中央苏区的艰巨任务，担负了运输军需物资、运输民用资料、运送资金、传递文件和传递重要情报等的重任，为保障上海党中央与中央苏区的联络，为整条秘密交通线的安全畅通，为巩固发展中央苏区，乃至为中国的革命事业，都做出了不可磨灭的贡献，是党中央早期红色秘密通道的历史见证，是党的隐蔽战线在广东地区艰苦卓绝斗争历程的历史见证，是隐蔽战线革命先烈为保卫党的安全、履行神圣使命而奉献牺牲的历史见证。旧址为汕头市珍贵的红色资源。2019年，中共中央至中共苏区秘密交通线汕头交通中站旧址被国务院公布为全国重点文物保护单位，现已建成中共中央至中央苏区秘密交通线汕头交通中站陈列馆。

中共中央至中央苏区秘密交通线汕头交通中站旧址

8. “南澳Ⅰ号”沉船 （明）

位于汕头市南澳岛东南三点金海域的岛屿和半潮礁之间。2007年，渔民潜入海底作业时无意发现了一艘载满瓷器的古沉船，经鉴定，沉船文物主要为明代瓷器。根据考古命名惯例，以其发现地为名，经国家文物局同意，于2009年9月26日定其名为“南澳Ⅰ号”。由水下考古人员组成“南澳Ⅰ号”沉船水下考古队，委派海洋救捞作业船舶赶赴现场进行工作。在交通部广州打捞局的协助下，“南澳Ⅰ号”沉船水下考古队对沉船进行了详细的调查、勘探，完成了水下摸探、采集和测绘工作，绘制出外围文物分布图、沉船平面总图和沉船纵剖面图、沉船横剖面图，初步判定该沉船的年代为明万历年间（1573—1620年）。这是南海海域继“南海Ⅰ号”之后发现的又一艘保存较完好的古代沉船。2012年9月，经过三轮工作，“南澳Ⅰ号”沉船水下考古队圆满完成了水下考古工作，打捞船满载着“南澳Ⅰ号”出水的文物驶往广州。在发掘出水的船载货物近3万件中，瓷器最多，其次是陶器、铁器、铜器、锡器等，还有4门火炮。船的结构也基本确认，“南澳Ⅰ号”沉船长27米，宽7.8米，共有25个舱位，是迄今为止发现的明代沉船里舱位最多的，也是中国发现的第一艘满载“汕头器”的沉船。2015年，“南澳Ⅰ号”水下文物保护区被广东省人民政府评为第一批广东省水下文物保护区。

“南澳Ⅰ号”沉船出土瓷器

9. 澄海隆都镇前美村

位于汕头市澄海区隆都镇前美村，始建于元末，地处韩江东河边。自明末以来，村民迫于生计，闽粤百姓一批又一批地远渡南洋（东南亚地区）谋生。前美村海外华侨众多，是潮汕地区著名的侨乡。村中坐落着58座潮汕传统特色与南洋风格融合的历史建筑，有陈慈黉故居、永宁寨、文园小筑等著名侨商旧宅。整个村落有着深厚的华侨文化底蕴，村中的庭院、宗祠、古寨、侨批馆等，承载着潮汕华侨漂洋过海的奋斗史，是中国华侨精神的经典写照。陈慈黉家族从清同治四年（1865 年）就开始回乡建造豪宅，从祖居地“老厝”建到新乡，历经三代人相继建起 12 座。同治十年（1871 年），在泰国曼谷开设出入口贸易行和火砻的陈慈黉衣锦还乡，带来了当时南洋最好的建筑材料和建筑风格、装饰艺术，开建了具有潮汕传统“驷马拖车”建筑特色的“郎中第”“寿康里”“善居室”“三庐书斋”，总共有厅房 506 间，通廊迴榭，楼台亭阁，让人如入迷宫。著名的陈慈黉故居，被誉为“岭南第一侨宅”。2002 年，陈慈黉故居被广东省人民政府公布为广东省文物保护单位。在“陈慈黉故居”大宅的周围，还散落一大群民国时代风格的建筑物，有整齐的高墙，门框和窗框都是花岗岩石造的，有的楼板已是钢筋水泥结构，墙体就是贝灰砂，这些楼房多数有天台，不像潮汕传统的建筑，二楼天台的围栏，用陶瓷花瓶做栏杆，坚固而美观。

澄海隆都镇前美村

（二）海陆丰革命根据地——汕尾

汕尾市位于广东省东南部，莲花山南麓，《禹贡》有九州之说，时汕尾属九州中的扬州南境；辖区内的海陆丰革命根据地是中国 13 块革命根据地之一。汕尾有“中国民间文化艺术之乡”之称。按地域分为两大文化区域：第一，市区和海丰县、陆丰市大部分地区属于海陆丰文化，讲福佬话（潮汕方言）；第二，陆河县地区属于客家文化，说的是客家话。广东省人民政府公布陆丰的碣石为广东历史文化名城。汕尾现有全国重点文物保护单位 2 处、广东省文物保护单位 13 处。主要名胜古迹为古建筑、近现代重要史迹及代表性建筑。如明代修建的坎下城城墙、陆丰佛道两盛的元山寺、曾召开过海丰县工农兵代表大会的红宫红场等。

1. 坎下城城墙 （明）

位于汕尾市城区，北邻后径村。明崇祯九年（1636 年），工科都给事的海丰进士叶高标奏建坎下城，崇祯十年（1637 年）建成。城呈不规则椭圆形，城墙原高 5.6 米，残高 3 米，为双层夹墙，灰沙夯筑，周长 1157 米，设垛口 391 个，分建东、南、西、北 4 门，有敌楼 2 座，配防炮位 78 个。始建之时，一面倚山，三面环水。北门是山，东、西、南门临海。西门（今西门妈祖庙处）是水门，只有船只可以出入，码头在城内。水寨有水师，水师有水舶，可通捷胜、碣石。时至今日，西门仍留有一个“西门池”，面积虽不大，但仍是历史的有力见证。这是中国保存最完整的明代海防城池之一，也是广东省目前保存最好的一处明代古城池。拥有 300 多年历史的坎下城，历经兵患、自然风化以及人为的破坏，现存约 70% 的城墙和城内的城隍庙、文庙、武庙等，城内面积 7.2 万平方米。2008 年，坎下城城墙被广东省人民政府公布为广东省文物保护单位。

坎下城摩岩石刻

2. 元山寺 （明、清）

位于汕尾市陆丰市碣石镇玄武山旅游区内，因奉祀真武帝，又称“玄山寺”，后因避清代康熙帝讳（玄烨），改“玄”为元，故有“元山寺”之称。元山寺始建于南宋建炎元年（1127 年），明洪武二十二年（1389 年）碣石建卫，碣石卫总兵侯建高主持规划扩建，设计成一座宫殿建筑，明万历五年（1577 年）再次扩建，形成现格局，清代多次修葺。万历年间（1573—1620 年）建福星塔于山巅，1981 年重建。清乾隆十五年（1750 年）建戏台于寺前，1986 年重建。清光绪二十二年（1896 年）起，例定每十年进行一次维修重光。建筑千姿百态，巧夺天工，高脊飞瓴，工艺精湛。寺内供奉玄天上帝，同时也供奉释迦牟尼、观音菩萨、弥勒等佛像，因此兼有释道汇流的特点，世所罕见。明万历年间，郑谦山、成雨泉、姚龙聚会于山亭共商抗倭大计，撰文开立了“三台保障”碑记，林则徐的“水德灵长”和刘永福的“灵声满道”题匾被列为中华名匾。元山寺是粤东闽南语系海内外民众的信仰中心，也是古代粤东海防的军事指挥中枢，记载着广东沿海人民抗击外来侵略、保家卫国的辉煌史迹，其布局合理、结构严谨，具有重要的历史、艺术价值。1986 年由玄武山管委会和玄武山文物管理处负责管理。2001 年，元山寺被国务院公布为全国重点文物保护单位。

元山寺

3. 方饭亭 （明至民国）

位于汕尾市海丰县城北郊的五坡岭上，是一座八角双层重檐攒尖顶的古亭，坐西北面向东南，台阶下几米处有一块宽 1.5 米、长 0.5 米的大石碑，碑上镌刻“一饭千秋”四个金色大字，月台长 20 米，宽 13 米，通高 9 米，上有 8 根大柱子支撑亭顶。基座四周为红色围墙。明正德十年（1515 年），为赞颂文天祥的浩然正气，于五坡岭上建表忠祠，不久，又建忠义牌坊于祠之南面，建方饭亭于祠之后。小石亭内竖一块高 2.7 米、宽 0.9 米的石碑，上刻文天祥石像。此画像是明代惠州知府从文天祥家乡江西庐陵取来而勒于碑上的。碑像上题刻文天祥《衣带铭》：“孔曰成仁，孟曰取义，唯其义尽，所以仁至。读圣贤书，所学何事？而今而后，庶几无愧！”《衣带铭》是元至元二十年（1283 年）文天祥就义后，从他的衣带取得的，故名。石亭两旁石柱嵌刻“热血腔中只有宋，孤忠岭外更何人”对联，为明代状元林大钦所写，笔力苍劲遒峻。明、清两朝及民国曾多次重修此亭，后表忠祠和方饭亭被侵华日军用飞机炸毁。现存的方饭亭为中华人民共和国成立后重修的，文天祥画像碑刻则是原物。2012 年，方饭亭被广东省人民政府公布为广东省文物保护单位。

方饭亭

4. 彭湃烈士故居　（1896—1927年）

位于汕尾市海丰县龙津河东面，属清末建筑，古朴雅致。主楼为双层结构，进深约 11 米，前廊为仿西式建筑，采用花砖楼板和封火式山墙，总面积约 266 平方米。得趣书室位于故居东侧。故居不仅仅是澎湃成长的地方，更是海陆丰革命老区历史岁月的见证者。1925 年 3 月，广东国民革命军第一次东征到达海丰后，周恩来和革命军的苏联军事顾问鲍罗廷及加伦曾在此住宿，一起研究工作。同年6月，革命军回到广州，军阀陈炯明残部重陷海丰城，故居遭焚毁，只遗下墙基。至中华人民共和国成立后，故居得以维护重修。1986年按故居原貌进行重建，终于使其能够以新的面貌对外开放。1978年彭湃烈士故居（含得趣书室）被公布为广东省文物保护单位。

彭湃（1896—1929年），原名彭汉育，曾用过王子安、孟安等化名，海丰县城郊桥东社人。出身于一个工商地主家庭，1921年加入中国社会主义青年团，1924年初由团转入中国共产党。1927年10月，在广东海陆丰地区领导武装起义后，建立中国第一个农村苏维埃政权——海丰县苏维埃政府。1929年8月30日在上海龙华英勇就义，年仅33岁。彭湃是中国农民革命运动的先驱者和苏维埃政权创始人，其“无私奉献、敢为人先”的革命精神，至今仍广为颂扬。

彭湃烈士故居

5. 海丰红宫、红场旧址（含赤山约农会旧址）（1927—1928年）

位于汕尾市海丰县海城镇红场路。1927年10月在中共东江特委领导下，彭湃率领农民举行了第三次武装起义，11月18—21日在海丰学宫（孔庙）召开了海丰县工农兵代表大会，会上通过了“没收土地案”等八项政纲，宣布海丰县苏维埃政府成立。会场四周刷红色，场内用红布覆盖，中国第一个红色政权在此诞生，故此后学宫改称红宫。红宫原为海丰学宫（孔庙），始建于明洪武十二年（1379 年），民国初年曾改为海丰通俗图书馆。红场紧邻红宫，1927 年 12 月 1 日在这里召开了有 5 万多人参加的大会，庆祝海丰县苏维埃政府成立。红场大门是一座牌坊式拱门，门额上浮塑“红场”二个大字，为彭湃手书。红场原为明代“社仓”，清代时称“东仓”，清末倒塌，时称该地为“东仓埔”，后工农民主政府把东仓埔命名为红场。彭湃号召兴建红场大门和司令台，司令台后称“红台”。红宫红场是中国苏维埃在广东海陆丰革命根据地发展壮大的历史见证，对于中国红色革命的开展起鼓舞作用，是教育后人进取向上精神的力量之源。

赤山约农会旧址原为龙山灵雨庵，位于汕尾市海丰县龙津东路，始建于明嘉靖年间（1522—1566 年），主体建筑为清中晚期潮汕传统建筑样式，墙搁檩抬梁式结构，夯土墙体，硬山式双坡屋顶，五行金式山墙，庭院有围墙圈护，占地面积约 72 平方米。1922 年夏，海丰六人农会成立后，彭湃等继续发动赤山约各村农民参加农会，随后印发农会利益传单，在灵雨庵庵前的大榕树下向农民宣传革命道理，发动群众，开展农民运动。1922 年 10 月，农会会员发展至 3390 人，彭湃在灵雨庵主持成立了赤山约农会。旧址是广东省最早成立农会的地方，是海陆丰农民运动的重要实物见证，也是研究彭湃生平及革命思想的珍贵史料，与彭湃故居及得趣书室、红宫、红场等共同构成了一处完整反映海陆丰农民运动和彭湃早期革命经历的历史纪念地，具有突出的历史和社会价值。1961 年海丰红宫、红场旧址被国务院公布为全国重点文物保护单位，2019 年赤山约农会旧址被公布为全国重点文物保护单位并并入海丰红宫、红场旧址，由海丰红宫、红场旧址纪念馆负责管理。

海丰红宫、红场旧址

6. 陆丰潭西镇大楼村

位于汕尾市陆丰市潭西镇，背北面南，史称“善庆楼”，始建于明弘治五年（1492 年）。大楼村主建筑是包围式的整体，进入正大门前厅连天井，天井左右两边各有二巷道直进，正门过天井后进入二进会客厅，隔天井再进入三进便是祭祀先祖的襟德堂。襟德堂的背后有一座二层楼，楼前有天井，与四巷道相通，楼后背靠山。巷内建筑物属规格化的民居，有房屋 70 间，整个村庄四面相通，遥相呼应。正门进出，四面展开，围绕中心，左右相照，分合对称，中庸大度，很像五匹马在拉动一辆大轿车，配上村前的三个台旷地和半圆形水池，成为圆山圆水方建筑，方圆相济，交相辉映。大楼村的建筑是独具儒家文化内涵的“五马拖车”造型，建于明万历二十一年（1593 年），主体建筑占地面积 3100 平方米，旷地面积 2550 平方米，水池面积 1413 平方米，总面积 7063 平方米，占现有大楼村面积的三分之二以上。村中建筑虽历时久远，但在整体保护上基本完好。

陆丰潭西镇大楼村

（三）文化古城——潮州

潮州是一座拥有 1600 多年历史的文化古城，由原潮州府潮安县、饶平县合置。自古以来潮州地灵人杰，人才辈出，在这片广袤的土地上历朝贤臣名将留下了足迹，促进了潮州地域文化与中原文化的融合，为推动潮州文化的形成和发展做出了极大的贡献。潮汕文化是岭南文化的重要组成部分，是中华文化的重要支脉。潮州是隋代经略台湾的始发地，唐代以来是海上丝绸之路的重要门户和对台的通道。出生在潮州的名人有国学泰斗饶宗颐、世界级富豪李嘉诚等。1986 年潮州被公布为第二批国家历史文化名城，现有全国重点文物保护单位 9 处、广东省文物保护单位 31 处。主要名胜古迹有遗址、古墓葬、古建筑和石刻等。潮州窑是粤东海外贸易的大户；开元寺与各种府第、塔、祠等古建筑群，是潮州建筑的代表，尤其是广济桥（湘子桥），是官府与民间能工巧匠合力造成的，堪称世界名胜；石刻佛造像则是元代僧人的杰作与创造。它们构成了潮州文化之源，是潮州文化的重要组成部分。

1. 笔架山潮州窑遗址 （宋）

位于潮州市湘桥区桥东笔架山西麓，整体呈不规则的长椭圆形，山脉沿韩江东岸自北而南蜿蜒起伏，南北长约 2000 米。古遗址北起虎头山，南至印子山，在面临韩江的西面山坡和山脚处窑灶群集。1953 年进行的考古发掘表明，该处即为历史上所称的潮州水东窑、白瓷窑。因窑址鳞次栉比，故又称“百窑村”。窑穴始建于唐，兴盛于北宋。窑场废弃在南宋。窑均系长条式斜坡型或阶级型龙窑，长度为 30 ～ 100 米，窑灶总倾斜度为 14° ～ 17° ，室温为 1000℃ ~ 1300℃。遗址出土的产品主要为碗、盘、盏、灯、炉、杯、壶、盂、盒、釜等日用器皿，以及瓶、人物、玩具等艺术瓷器。在几件释迦佛像座上刻有“治平”“熙宁”等年号，以及“水东中窑甲”“匠人周明”等匠工姓名铭文。釉色以影青釉为主，兼有青、白、黄、酱褐釉等，釉层较薄，釉质晶莹润泽，多为不开片和开极细的鱼子纹片。纹饰以划花为主，另有雕刻和镂空。笔架山潮州窑遗址品种繁多，釉色多样，工艺先进，是潮州经济发展的历史见证，其阶级型窑体结构和漏斗状匣钵为后人提供了广泛的研究课题，是我国南方宋代瓷业的重要生产基地，也是研究宋代外销瓷器、海上丝路的珍贵资料，具有很高的艺术和科学研究价值。1986 年由潮州市文物管理委员会管理。2001 年，笔架山潮州窑遗址被国务院公布为全国重点文物保护单位。

笔架山潮州窑遗址

2. 王大宝墓 （宋）

位于潮州市潮安区归湖镇神前村的神前山（俗称“沉江月”），南宋乾道六年（1170 年）建。该墓坐东向西，占地面积约 2700 多平方米，墓碑高约 2.3 米，楷书阴刻“宋礼部尚书大宝王公墓”。墓前两侧排列石雕群，有文武翁仲、石狮、石羊、石望柱、石马等 14 件。墓室依照四合院方式建造，前庭、中庭分别有文官和侍卫，高达 2.3 米。石雕线条粗犷，工艺古朴，雄浑厚重，气势非凡，反映了南宋的雕刻艺术水平和风格，是广东省现存为数不多的大型宋代石雕。1989 年，王大宝墓被广东省人民政府公布为广东省文物保护单位。

王大宝（1094—1170 年），字元龟，归湖汤头人，“潮州八贤”之一。南宋建炎二年（1128 年）榜眼，官至礼部尚书。一贯主张抗击外侮，对金朝夺去北宋都城汴京切齿愤恨。在朝廷中敢与秦桧斗争，有绰号“王老虎”之称。宋孝宗于隆兴二年（1164 年）向金屈辱求和，史称“隆兴和议”，王大宝见朝廷腐败无能便辞官。王大宝病逝后，宋孝宗特赐御葬故里。

3. 林大钦墓 （明）

位于潮州市潮安区桑浦山东山湖附近状元埔，墓有封土堆，朝向西南，碑亭高约 3 米，亭内的藻井刻八卦太极图，横额刻“东莆佳城”四字。碑面正中书“状元及第翰林院修撰东莆林公墓”，右下角小字刻“孝子天继泣血立石”。墓前有一对雕刻精细的石马，高 1.25 米，长 1.6 米；

还有一对形象生动的石羊，卧高 0.66 米，长 1.05 米。2012 年林大钦墓被广东省人民政府公布为广东省文物保护单位。

林大钦（1511—1545 年），字敬夫，号东莆，明海阳县东莆都（今潮安区金石镇山兜村）人，幼聪颖，喜读书，十二岁时随父进府城，在书肆中见苏洵的《嘉佑集》，爱不释手，要求父亲购回，日夜攻读。他熟读苏轼、苏辙文章，加以融会贯通，做起文章来，屈注奔腾，被后人赞叹酷似“三苏”，尤以工诗善对闻名遐迩。18 岁时，父亲不幸去世，家境更为贫寒，但他仍安贫乐道，发奋攻书，20 岁参加乡试，一出手便崭露头角；明嘉靖十一年（1532 年），摘取了文科状元桂冠，被授翰林院修撰。嘉靖二十四年（1545 年）葬母后，在归途中病卒，年仅 34 岁。其墓被盗，石马、石羊均被盗走，被盗现场发现了一面铜镜，管理部门将尸骨和墓中被盗出的衣服放回原处，对棺木进行封胶并填上封土。

4. 潮州开元寺　（唐至清）

位于潮州市湘桥区开元路。始建于唐开元二十六年（738 年），占地面积 11031 平方米，主要建筑物面积约 2580 平方米，是一组宫殿式的四合院建筑群。主要建筑有金刚殿（山门）、天王殿、大雄宝殿、藏经楼、观音阁、地藏阁，还有香积橱、方丈厅、知客堂、神农堂、梵天香界照壁，以及石经幢、阿育王式塔等。宋代加额为“祝圣道场”，元代称“开元万寿禅寺”，明代称“开元镇国禅寺”，明末加额“万寿宫”，至清光绪二年（1876 年），移建万寿宫于潮州城东府巷。昔开元寺山门内上方，原有额向内曰“万寿宫”，“文革”期间被毁。清以后“开元镇国禅寺”“开元寺”并称。开元寺坐北朝南，整体布局分为三路，左右置地藏阁、观音阁和五观堂，后置两层藏经楼，对大雄宝殿呈环抱烘托之势，整体恢宏开阔、雄伟大气。潮州开元寺既保留了唐代的平面布局，又凝结了宋、元、明、清各个朝代的建筑艺术，是研究古代寺院建筑的珍贵样板，具有很高的历史和艺术价值。1987 年成立潮州市开元寺僧人管理委员会对其进行管理。2001 年，潮州开元寺被国务院公布为全国重点文物保护单位。

潮州开元寺

5. 广济桥 （宋至明）

位于潮州市古城东门外韩江之上，东西走向，西有东门（广济门），俗称“湘子桥”，始建于南宋乾道七年（1171年），初为浮桥，称“中蟠石州”，始名“康济桥”。南宋淳熙元年（1174年）浮桥毁于洪水，太守常祎重修，开始在西岸修筑桥墩，至南宋绍定元年（1228年）的54年间，丁允元等太守相继于西段增筑桥墩10个，易西桥名为“丁公桥”。南宋绍熙五年（1194年），太守沈宗禹开始“蟠石东岸”，随后陈宏规等太守相继于东段修筑桥墩，至南宋开禧二年（1206年）的12年间，建成13个，东桥名为“济川桥”，仍架舟为梁，以连接东西两桥。明宣德十年（1435年），知府王源主持了规模空前的修桥工程，竣工后西桥为10墩，东桥为13墩，中间89米以24艘船为浮桥，并在桥上修筑桥楼12座、桥屋126间，统一称为“广济桥”。明正德八年（1513年），知府谭伦增筑1墩，减船6艘，形成“十八梭船廿四洲”的独特风格，全长约520米。2009年修复，东、西两端各有桥墩12个，上为各式亭台楼阁；中间有18艘船，上铺木板以形成浮桥。广济桥居闽粤交通要津，集梁式桥与浮桥于一身，是世界上首座启合式桥梁，其规模和结构技术为我国现存古代桥梁中所罕见，是中国桥梁史上的孤例，反映了我国宋代造桥技术的最高成就。1986年由潮州市文物管理委员会管理。1988年，广济桥被国务院公布为全国重点文物保护单位。2010年成立潮州市广济桥文物管理处。

广济桥

6. 许驸马府　（明）

位于潮州市中山路葡萄巷东府埕 4 号。为北宋英宗皇帝之女德安公主之驸马许珏的府第。始建于北宋治平元年（1064 年），经过历代大修，宋代实物已保存不多。该驸马府坐北朝南，偏东 8 度，面宽 42 米，进深 47 米，占地面积不大，只有 2000 多平方米，建筑面积约 1800 平方米。主体建筑为三进五间，首进与后座均带插山厅、房合为九间，中厅东西围屋带从厝厅、房及书斋，后座之后有横贯全宅的后院，主体的三进与插山构成"工"字格局，围屋隐伏于中座两旁山墙外，形成独厅、独院、独天井之独特设置。1982 年曾对二进的木柱和三进楹桷作碳十四测定，确定木结构为明初替换之物。刻着古朴莲纹图案的木门簪、高高的门槛、紧密的窗棂、竹编的灰墙以及雕饰简单的梁柱等，依然保持宋代的特点，是现存潮州"府第式"民居的最早形制，较好地保留了始建年代的平面布局及特色。1996 年，许驸马府被国务院公布为全国重点文物保护单位。

许驸马府

7. 道韵楼 （明）

位于潮州市饶平县三饶镇南联村，人们当初择地建楼时，觉得此地不错，出于慎重考虑，又转了几十千米，察看了几个地方，还是觉得倒不如这个地方好，再回来，遂叫作“倒运”。后来起名字时，借“倒运”的谐音，取名“道韵楼”。始建于明万历十五年（1587 年），前后花了 110 年时间，历三代建成。那是一个战争频发的年代，为了抵御外来入侵者，人们在古楼的外围墙设枪眼、炮口，在楼之大门顶部设注水暗涵，可以防火烧楼门、防兵乱、乡斗、盗贼、兽害、干旱、寒暑、火灾、水灾、地震等。道韵楼是一座固若金汤的古堡式村寨。400 多年来，道韵楼内从未发生过大的火灾，其原因在于土楼内设有 30 口水井，既满足了居民的生活用水，也起到防火、救火作用。道韵楼整体为三进三环，中心为广场，左右两侧有公用井，另有 28 口私井。是客家古堡式八角形土楼。道韵楼坐南朝北，呈八卦形，井底垫有八卦石，应是太极圈的两仪，俗称“阴阳鱼”。土楼的设置，突出了古、大、奇三大特点。道韵楼是迄今被发现的我国最大的客家土楼，至今保存完好，是潮汕土楼民俗文化中的精粹。2006 年，道韵楼被国务院公布为全国重点文物保护单位，现由南联村道韵楼管理处负责管理。

道韵楼

8. 韩文公祠 （明、清）

位于潮州市城区东面的韩江东岸、笔架山中峰“双旌石”下，为纪念韩愈而建。原韩文公祠始建于北宋咸平二年（999年），由潮州通判陈尧佐于金山麓夫子庙正室东厢辟建“韩吏部祠”。元祐五年（1090年），知州王涤迁至城南七里，并请苏轼于元祐七年（1092年）为祠撰写了《潮州昌黎伯韩文公庙碑》。南宋淳熙十六年（1189年）潮州太守丁允元认为韩公常游于此并手植橡木，韩公之祠应建于此，遂将城南七里的韩文公祠迁至今址。韩文公祠倚山临水，环境清幽。现有三层殿阁，内分前后二进，带两廊，后进的台基比前进的高出几米，内供韩愈塑像。正门“韩文公祠”匾额由胡耀邦题写，坊后通道是百米碑廊，祠内四壁保存有明清以来的碑刻40块，有十分珍贵的价值。2006年，韩文公祠被国务院公布为全国重点文物保护单位。

韩文公祠

9. 饶平土楼 （明、清）

位于潮州市饶平县各地，客家土楼有590多座，其中圆形土楼达

570余座。分为楼房和平房两种，造型有圆形、方形、八角形、背椅形、蟹形等。县境北部山区的上善、上饶、饶洋、新丰、建饶、九村、三饶、新塘和中部丘陵地区的汤溪、浮滨、坪溪、浮山、东山、渔村、新圩、樟溪、钱东、高堂、联饶等地，都建有这种大小有分、高低有别、错落有致、环形相接、造型多样、结构精巧、规模宏伟的古堡式土楼。居住在土楼里的村民绝大多数是客家人，于元明时期先后由闽迁徙入饶，他们初到时搭草寮为居，单户独舍，常遭兵匪之祸，又受狼虎为害，难以安生。为求生存繁衍，勤劳智慧的客家人不得不从分散独居转为汇集聚居，筑造土墙高筑的连层堡寨——土圆楼。几十人或上百人聚居于一座坚固安全的土楼，这有利于感情和睦、团结协作。土楼的建造用料也很独特，其高大墙壁，都是用生土佐以砂石，用木条和竹片做筋骨，经过反复揉打、碾压，层层夯筑而成。墙厚1.5米，基宽2米，墙基奠石块。楼层高2～5层。这种土墙比石条还坚韧，不怕水浸，防震性能特别好。楼内中央是广埕，埕的两侧挖有水井两眼，有的只挖一眼，作为全楼公用井，每户家里还挖有私井，供自家使用。楼内还建有祠堂、仓库等生活设施。有的楼寨还建复楼，构成楼中有楼、门中有门的奇特建筑风格。2002年，饶平土楼被广东省人民政府公布为广东省文物保护单位，其中包含南阳楼、润丰楼、新彩楼、镇福楼、道韵楼。

饶平土楼

10. 潮州老城古民居建筑群 （明、清）

位于潮州市湘桥区南门十巷历史街区、许驸马府历史街区和旧西门历史街区，为明代、清代与民国时期的建筑遗存，是潮州民居建筑的典型。建筑群共有 14 座古民居，包括辜厝巷林宅、郑厝巷蔡宅、甲第巷外翰第、甲第巷大夫第、德里旧家、辜厝巷王宅、兴宁巷大夫第、红栏杆、东府埕儒林第、卓府、马使埕闫宅、青亭巷大夫第、黄尚书府和铁巷陈宅等。郑厝巷蔡宅建于明代，坐北朝南，面宽 20.5 米，进深 50.7 米，面积 937 平方米，为四进带后花园，东边带从厝。黄尚书府始建于明崇祯年间（1628—1644 年），是明南京礼部尚书黄锦的府第，坐北朝南，三进一后包，左右带从厝，通面宽 56.6 米，进深 75.6 米，占地面积 4279 平方米。这两处均为潮州具有代表性的明朝府第建筑。辜厝巷林宅建于明代，坐西南朝东北，面积 3000 多平方米，四进带二从厝，为明万历户部左侍郎赠尚书林熙春后人的宅第。铁巷陈宅是建于崇祯十三年（1640 年）的举人陈衍虞的宅第，坐北朝南，总体布局为三进，占地面积 2800 平方米。红栏杆位于太平路辜厝巷 10 号，始建于清代，因原大门栏杆涂刷红油漆，故称红栏杆；坐北朝南，宽 43.7 米，进深 44.35 米，占地面积 1938 平方米，三进带左右各一从厝。马使埕闫宅建于清代，坐北朝南，三进带一后包，西侧带一从厝，面宽 20.1 米，进深 35 米，占地面积 703.5 平方米。东府埕儒林第建于清乾隆年间（1736—1795 年），坐北朝南，三进二从厝带一后包，长方形，面宽 31.5 米，进深 48.1 米，占地面积 1515.15 平方米。青亭巷大夫第建于清道光年间（1821—1850 年），坐北朝南，三进带一后包，东西各一从厝，面宽 29.3 米，进深 43.3 米，占地面积 1268.69 平方米。卓府建于清同治初年，是潮州总兵卓兴的府第，坐北朝南，主体三进带一后包，东、西两侧各带一座及两座从厝，通面宽 51.55 米，进深 43.95 米，占地面积 2266 平方米。辜厝巷王宅建于清代后期，坐北朝南，总体布局为三进一后包带西庭园及西侧书斋，占地面积 3000 平方米。甲第巷外翰第建于清代后期，坐北朝南，三进带一后包、一后花园，面宽 15 米，进深 44.9 米，面积 673 平方米。甲第巷大夫第建于清代后期，坐北朝南，三进一后包二火巷布局，面宽 24 米，进深 42.4 米，占地面积 1017.6 平方米。兴宁巷大夫第建于清代后期，坐北朝南，三进带一后包，面宽 15.3 米，进深 45.4 米，面积 694 平方米，后包为平顶混凝土结构。德里旧家建于 1926 年，坐南朝北，平面布局呈长方形，面宽 24 米，进深 30.85 米，占地面积 740 平方米，为潮州传统建筑。每座民居均可体现潮州古代民居建筑的风貌。2013 年，潮州老城古民居建筑群被国务院公布为全国重点文物保护单位。

潮州老城古民居建筑群

11. 己略黄公祠 （清）

位于潮州市湘桥区义安路铁巷 2 号，建于清光绪十三年（1887 年），两进院落，面宽 18.54 米，进深 25.7 米，门楼楼屋架饰以精美的石雕，门额为“己略黄公祠”，背镌“孝思维则”。首进与后厅之间是天井，两侧有廊轩，后厅有抱厦，形成四厅相向的格局。后厅中槽屋架是“三载五木瓜十八块花坯”的典型结构。木雕装饰在技法上采取了圆雕、沉雕、浮雕、镂空等不同手法，突破空间和时间的限制；色彩方面，充分运用了黑漆装金、五彩装金、本色素雕等三大类表现手法，使整座建筑物轻重有别，层次分明。梁枋两端饰以形象各异的龙、凤、狮等祥瑞动物，“铜雀台”“张羽煮海”“水漫金山”等戏曲传奇、民间故事则是木雕创作的主要题材，一些地方题材也得到体现，如“韩江丽景”，这些木雕装饰因而被誉为“潮州木雕第一绝”。2001 年，己略黄公祠被国务院公布为全国重点文物保护单位。

己略黄公祠

12. 从熙公祠　（清）

位于潮州市潮安区彩塘镇金砂一村，为旅居马来西亚柔佛国（今柔佛州）的侨领陈旭年所建。清同治九年（1870 年）建，清光绪九年（1883 年）竣工，是一座典型的府第式祠堂。门楼前埕分置石狮一对，高约 105 厘米；雄狮戏球、雌狮抚子，形态逼真，充分展现潮汕石狮的工艺特点和风格。整个凹斗门楼全部用石材构筑而成，虽经 100 多年的风风雨雨，石材润滑如故。门楼为三门式，镶嵌于门楼石壁上的石雕分别以百鸟朝凤、花鸟虫鱼、士农工商、渔樵耕读为题材。正门两侧置一对深灰色的石鼓，造型极为精美。石柱横梁悬有剔透玲珑、刻工细腻的倒挂石雕花篮，堪称中国一绝。镶嵌在壁上的四幅石雕挂屏，经过匠师细腻精巧、繁而不乱的多层镂通雕刻技巧，被刻画得活灵活现，令人叹为观止，足以代表潮汕民居石雕艺术的最高水平，也可以看出潮汕传统石雕艺术之博大精深。从熙公祠是晚清潮汕民间建筑的瑰宝，2006 年被国务院公布为全国重点文物保护单位。

从熙公祠

13. 石尾山摩崖佛造像 （元）

位于潮州市潮安区塔下村石尾山半山腰处。在高 6 米、宽 9 米的崖面上刻有佛像 11 尊、阿育王塔 1 座，分上下两排。上排有 5 尊佛像，下排阿育王塔居中，左右各有 3 尊佛像。每尊佛像高 0.5 ~ 0.7 米，宽 0.3 ~ 0.5 米。右侧刻有款识“时大元壬辰年九月日开山　孔渝立”，共 14 字，“元壬辰年”即元至元二十九年（1292 年）。元代佛像在广东极为罕见，这处摩崖佛造像的发现，为研究该时期佛教及其艺术的发展提供了实物资料。2015 年，石尾山摩崖佛造像被广东省人民政府公布为广东省文物保护单位。

石尾山摩崖佛造像

14. 潮安浮洋镇井里村

位于潮州市潮安区浮洋镇。早在宋代，就有先民在此聚居生息。至明永乐年间（1403—1424 年），村落已形成彩凤状的聚居格局。明永乐年间，柯氏一族始祖从福建莆田迁移至潮州浮洋落户，以农耕为生。后有缘结识到云游至此的“虱母仙”何野云，二人成为至交好友，“虱母仙”何野云帮柯氏寻索到这一风水宝地，让柯氏一族在此长居，并且建祠祭祖，从此，柯姓一族就在这里扎根生养。该村仍保存有柯氏宗祠、大夫第、柯氏故居、尾书斋、风水池等不同时期的各类古建筑。其中南厝八巷是闻名岭南的明代建筑群。明嘉靖年间（1522—1566 年），柯氏一族出了一名人，叫柯玉井。他中进士之后，任职广西梧州正堂，其为人正直，爱憎分明，任期恰逢朝廷御医万邦宁受“太医朱林案”株连被流放广西梧州。因惺惺相惜，万邦宁被柯玉井礼遇，二人终结为莫逆之交，还合力抢治了当时在梧州发生的瘟疫。后来，万邦宁平反回京，升为太医院院使。柯玉井由此得到万邦宁所编纂的《万氏医贯》，于隆庆元年（1567 年）创办了太安堂医药馆。《万氏医贯》也在井里村传抄，柯氏后人自此世代行医。村中名医辈出，被称为“岐黄第一村”。2015 年，潮安浮洋镇井里村成功入选第四批“广东省古村落”名录。

潮安浮洋镇井里村

15. 饶平所城镇大城所村

位于潮州市饶平县东部所城镇所城社区。大城所村始建于明洪武年间（1368—1398 年），已有 600 多年历史，历经多年沧桑变幻，依旧保持着原始的风姿意韵。大城所村接受中原文化、广府文化和闽客文化的交流融合，形成了独特的地方建筑风格。明清时期，当地祠堂文化十分兴盛，尤其清代中后期，城中祠堂工艺考究、富丽堂皇。与祠堂相映生辉的，还有大大小小的庙宇，如城隍庙、五显庙、元天上帝庙、关圣帝庙、天后宫等 10 多座庙宇。村中建筑以大埕所城最为著名。大埕所城是明代海防的重要军事机构，全名为“大埕守御千户所”，建于洪武二十七年（1394 年），用于屯兵抗击倭寇的侵扰。占地面积约 28.67 万平方米（430 亩），外城大致呈矩形，城垣周长 2.14 千米（643 丈）、高 9 米（2.7 丈）、厚 5.33 米（1.6 丈），设东、南、西、北四门。城中古民居、祠堂、庙宇多得令人目不暇接。由西门进入城中，是一条石板街道，两侧商铺一间紧挨一间，不时有小巷横穿左右，巷内分布着各式各样的民居。总体呈三街六巷格局，实际上大大小小的街巷共有 23 条。通往四门的直道交叉成“十”字形，交叉点即是整座城的中心点。古代这些区域商贾云集，不同街的行当也有所区别。东门街多贩卖鱼虾活鲜，南门街以粮食店为主，西门街是当铺和粮仓，北门巷则专做柴草生意。尤为难得的是，迄今城中仍居住着数千人，并保留着游“旱龙”、吃“鼎翻”等传统习俗。2002 年，大城所村（含城隍庙、古戏台、古街道）被广东省人民政府公布为广东省文物保护单位。

饶平所城镇大城所村

（四）岭南水城——揭阳

揭阳，别称“岭南水城”，因古五岭之一的揭阳岭而得名，见诸史载已有2200多年。揭阳既是潮汕人重要的祖籍地、聚居地之一，也是潮汕文化重要的发源地及兴盛地之一。潮汕文化底蕴深厚，以潮语、潮剧、潮汕英歌舞、潮汕功夫茶、潮汕菜、潮绣、潮汕善堂、潮商文化、迎老爷、三山国王、潮汕木雕、潮汕民居、潮汕祠堂、潮汕工艺、潮汕抽纱、出花园、拜月娘等特色文化为代表。广东省人民政府公布揭阳、揭西为广东省历史文化名城。揭阳现有全国重点文物保护单位5处、广东省文物保护单位37处。主要名胜古迹有陶窑址、庙宇、学官和南昌起义南下部队的遗迹等。虎头埔陶窑反映了4000年前的制陶过程及工艺水平；庙宇是古代建筑艺术的显示；学官则是文化的象征；“八一”南昌起义南下部队指挥部军事决策会议，从政治上和军事上初步总结了1927年8月1日南昌起义至当年10月3日的经验教训，部署了南昌起义部队一系列的行动计划和由地方党组织护送领导人撤离战区的工作，其旧址具有特殊的意义。

1. 虎头埔古窑址　（新石器时代）

位于揭阳市普宁市广太镇绵远村虎头埔南坡。1982年被普宁县文物普查队发现，经1982年和2003年两次发掘，发掘面积达1225平方米，清理18座古陶窑，发现6座坑穴和1座房址，出土一批陶器和大量陶片。清理的18座古窑密集成群，可分为两个类型：第一个类型为圆形竖穴式陶窑1座，长1.81米，宽1.78米，窑壁和窑底经火烧烤成黑褐色的烧土面，窑室后壁上有长方形烟道；第二个类型为平面呈“Ω”形的横穴式陶窑17座，由窑室、土台、火道、火膛和窑前活动面等部分组成，长2.42～4米，宽1.2～1.83米。火膛、火道和窑室的壁面都用厚3～5厘米的掺砂泥土涂抹光平，经长期烧烤而形成橙色的硬面。6座坑穴皆为竖穴长方形，残存口径长1.3～1.8米，宽0.8～1.3米，深0.05～0.7米，用细泥涂抹的四壁经火烧烤成硬面，应属于洗练陶土的坑穴。房址1座，平面略呈梯形，西南一侧有外延的门道，总面积约8平方米，仅存房基和墙内的柱洞，房内活动面已被破坏，但室外西侧和西南侧尚保留较多的人类活动面。虎头埔古窑址被誉之为“广东第一窑”，其代表的文化被命名为“虎头埔文化”。2010年，虎头埔古窑址被广东省人民政府公布为广东省文物保护单位。

虎头埔古窑址

2. 城隍庙　（明）

位于揭阳市榕城区东门城隍街，建于南宋绍兴十年（1140年），明洪武二年（1369年）重建。城隍是中国古代民族宗教文化中普遍崇祀的重要神灵之一，大多由有功于地方民众的名臣英雄充当，是中国民间和道教信奉的守护城池之神。揭阳城隍庙在城东解元坊，深86.67米（26丈），阔26.67米（8丈）。城隍庙庙宇以大殿为中心，南北有一中轴线，左右两廊、两厢为对称建筑，三进院落。主要建筑有牌楼、大门、大殿、钟、鼓楼、后殿（夫人厅），总面积2000多平方米。城隍庙修建以来历经兵燹和自然灾害，屡遭摧毁破坏，但每次都能得以葺复重建，明正德八年（1513年）重建后，嘉靖七年（1528年）增修；万历三十一年（1603年）建前亭及两旁的钟鼓楼；万历四十五年（1617年）又重新修缮；清雍正九年（1731年）及乾隆四十三年（1778年）重修。

主体建筑为木、石承载结构，大殿四壁仅仅起防护作用，力学结构科学严谨，建筑结构防震性能很高，历经明代以来的多次地震，岿然不动，融合了明清建筑风格和揭阳本土传统工艺特色。城隍庙是广东省现存最大规模的同类古建筑，展现了中国古代劳动人民的聪明智慧和高超的建筑技艺，2019 年被国务院公布为全国重点文物保护单位。

城隍庙

3. 古榕武庙 （明）

位于揭阳市榕城区天福路，也称“武庙”“关帝庙”，始建于明嘉靖三十七年（1558 年），已有 400 多年历史，清代重修，整体呈对称院落式布局，从山门、两廊、拜亭、大殿到后楼，组合井然，稳定刚健，极具明清建筑风格和潮汕地方特色。正殿面阔五间，进深三间，悬山顶。庙内主体建筑都保存较好，其灰塑、嵌瓷、木雕、彩绘与石雕等装饰工艺丰富多彩，艺术价值极高，特别是题材丰富、刀法圆熟、技艺多样的建筑木雕精美稀有，在广东乃至国内均属罕见，其前檐梁架木雕，也具有鲜明的时代特色。各组成部分在建筑结构、材料、构造和工艺上有很强的地域特征，尤其是其木雕技术更是反映了潮汕木雕的最高水平。庙内保存了粤东地区唯一的清中期神庙戏台，是潮汕地区历史悠久、影响较为深广的重要古代民间信仰建筑，特别是获得了慈禧太后和光绪皇帝颁赐的“威宣南海”匾额，充分显示该庙在同类古建筑中的重要地位。古榕武庙为研究潮汕地区清中期木雕艺术的发展和流变提供了不可多得的标本，在建筑史上具有代表意义和科学价值，对整个揭阳地区的文物保护产生了示范和促进作用，同时对提升揭阳历史文化名城的保护和建设工作水平也具有重要的意义，2013 年被国务院公布为全国重点文物保护单位。

古榕武庙

4. 大南山石刻革命标语红宫红场 （1931—1932年）

位于揭阳市普宁市下架山镇汤坑碗仔村鲈鳗洞桥头、松树仔、下溪寮和惠来县大溪坝村、从望岭、盐岭、雷岭，以及汕头市潮南区等地，统称为大南山石刻革命标语红宫红场。土地革命战争时期，这里是东江革命根据地，由彭湃领导的中共东江特委在此成立，同时成立了潮（阳）普（宁）惠（来）苏维埃政府，东江特委和苏维埃政府组织了革命石匠翁千等人，在大南山交通要道和革命活动场所的摩崖大石上镌刻了数十条革命标语。翁千，潮阳成田镇后坪村人，石匠，1930 年带领一家三代 18 人上大南山参加革命，其 3 个儿子、1 个堂弟和 1 个堂侄先后为革命而牺牲。1931—1932 年，他带领助手冒着风雨，不辞劳苦，坚持不懈，在大南山数十里路旁 36 块天然大石上凿刻革命标语。标语皆楷书阴刻，字径大小不一，共刻标语 57 条、467 字，经历数十年风雨，至今仍清晰可见。其中普宁市有 7 石 10 条 81 字，字径 10 ~ 60 厘米。汕头市潮南区与惠来县有 29 石 47 条 386 字，字径 40 ~ 50 厘米。红宫红场位于汕头市潮南区红场镇，苏维埃政府就在红宫红场，中华人民共和国成立后，曾经遭受严重毁坏的红宫红场获得修缮和重建，其保存下来的红色遗迹为后人留下了丰硕的精神财富。1979 年，大南山石刻革命标语红宫红场被广东省人民政府公布为广东省文物保护单位。

大南山石刻革命标语红宫红场

5. 揭阳学宫 （清）

又称“孔庙”“文庙”“红学”，位于揭阳市榕城区韩祠路口东侧，始建于南宋绍兴十年（1140 年），清嘉庆七年（1802 年）、清光绪二年（1876 年）重修。占地面积 5526 平方米。现存建筑由 21 座单体建筑构成，采用中轴线布局，高台基殿堂式结构。主要建筑物有照壁、棂星门、泮桥、泮池、大成门、东西庑、大成殿、崇圣祠等。主体建筑均为高台基、大圆柱、红瓦绿檐，造型富丽堂皇，庄严肃穆。正殿塑大成至圣先师孔子像，左设复圣颜子、宗圣曾子，右设述圣子思、亚圣孟子，圣殿前左右列 12 尊先哲。学宫飞桷凌空，历经岁月风霜，是目前国内保存较为完好的孔庙之一，是岭南地区规模最大、配套建筑最完善、保存最完整的历史建筑群，被誉为“粤东古建筑的明珠”，具有很高的科研价值和艺术水平。揭阳学宫又是周恩来进行革命活动的旧址，1925 年，为打倒占据东江地区的军阀陈炯明，统一广东，顺利北伐，广州革命政府组成东征联军，开始第一次东征。时任黄埔军校政治部主任的周恩来参与领导和指挥东征右路军。他带领东征军一路东进，3 月 6 日抵达揭阳城，3 月 7 日，他住进了揭阳学宫崇圣祠，并在东厢房居住，在办公期间，接见了左派群众组织代表，明确指示要建立党、团组织。2013 年，揭阳学宫被国务院公布为全国重点文物保护单位。

揭阳学宫

6. 丁氏光禄公祠　（1878年）

也称丁府、丁日昌旧居，位于揭阳市榕城区元鼎路，由清代洋务运动代表性人物丁日昌所建。丁日昌祖籍丰顺，历任江苏苏松太道、江苏布政使江苏巡抚、福建巡抚和兼理各国事务大臣等职，晚年寓居揭阳榕城，为纪念其父“光禄公”，于清光绪四年（1878 年）兴建这座大型祠堂。

祠堂占地面积 6100 平方米，主体建筑坐北朝南，大门前原有象征主人官阶显赫的照壁、月池和旗杆夹。丁府正厅为三进，正厅的两旁左右各有两条直巷护卫，每条直巷之内，又各有小院落四座，每座院落的木雕各有特色，争奇斗胜。其格局为“百鸟朝凤”，共有大小房屋 99 间、地下室 1 间。丁氏光禄公祠规模宏大，实用大方，木雕精美且极具地方特色，保持了潮汕地区传统的建筑结构、材料和工艺特点，梁架、屋脊的彩绘和泥塑采用了一些西方建筑图案，其中西合璧的处理手法，开创了潮汕地区引用西方营造法式的先河，在潮汕地区建筑史上极具代表意义和研究价值。丁日昌对中国政治、经济、文化产生相当影响的许多奏折、文章，都是在旧居撰写的，并留下部分实物，因而其旧居具有很高的史料价值。1998 年，成立丁日昌纪念馆。2013 年，丁氏光禄公祠被国务院公布为全国重点文物保护单位。

丁氏光禄公祠

7. “八一”南昌起义南下部队指挥部军事决策会议旧址 （1927年）

位于揭阳市普宁市流沙新河东路 1 号，原为流沙基督教堂，清光绪十六年（1890 年）建，为贝灰瓦木平房结构，有前厢房、天井、后大厅、侧厅，阔 20 米，深 17 米，建筑面积 340 平方米。1927 年 9 月 30 日，南昌起义部队撤离潮汕，来到普宁流沙镇（今流沙街道），部队指挥部设在流沙教堂。10月2日，革命委员会及指挥部成员联合举行紧急会议，由周恩来主持，参加会议的有张太雷、彭湃、刘伯承、恽代英、林伯渠、谭平山、吴玉章、徐特立、周逸群、郭沫若、廖乾五、张国焘、李立三、郭亮、贺昌及时任汕头市委书记杨石魂等，主要由中共中央临时政治局候补委员、中共广东省委书记张太雷传达中共中央“八七”紧急会议精神以及研究起义部队的最后决策。10月3日，贺龙、叶挺及聂荣臻也从汤坑（今丰顺）来到流沙，当天中午，周恩来再次召开会议，总结起义部队进军广东后的经验教训，遵照中央临时政治局决定，做出将南昌起义建立的中国国民党革命委员会改为苏维埃；丢弃国民党的旗帜，改竖斧头镰刀红旗，由中国共产党单独领导革命；把起义部队转移到海陆丰与当地农民武装结合，建立革命根据地等重大决策。中华人民共和国成立后，杨成武、宋任穷、彭冲、习仲勋等领导人先后参观视察旧址。1979年，“八一”南昌起义南下部队指挥部军事决策会议旧址被广东省人民政府公布为广东省文物保护单位。1984年8月聂荣臻为旧址题匾。

“八一”南昌起义南下部队指挥部军事决策会议旧址

8. 惠来隆江镇孔美村

位于揭阳市惠来县隆江镇龙江河中下游北岸，是一处有着 700 多年历史的古村落。村处龙江水口湾之末，称港子尾，雅称“港子美”。聚落依龙江河岸北侧，呈复合状分布，建筑为泥瓦木平房结构。村落地处平原地带，布局整齐合理，村子里古香古色的老建筑，承载着孔美村的历史与变迁。早在南宋年间，孔美村就有罗姓族人在这居住，宋末少帝赵昺南奔，福建莆田武进士唐瑶甫召集乡勇保驾，帅师惠来闻鸡山，在与元兵奋战中殁于阵。其子唐干臣，率家眷于元至元二十三年（1286 年）定居港子美。后来罗姓逐渐外移，村遂为唐姓，直到元末，唐氏四世祖清溪公才落籍惠来孔美村。村中历代举人、贡生、秀才辈出，世代书香，明天启七年（1627 年）取孔子《论语》中“里仁为美”之义改为“孔子美”，后简称“孔美”。2019 年，惠来隆江镇孔美村入选中国传统古村落名录。

惠来隆江镇孔美村

9. 普宁洪阳镇德安里村

位于揭阳市普宁市故城洪阳镇南村，是清末广东水师提督、名将方耀与其兄弟共同建造的家族集居寨，也是国内罕见的府第式古村落，其建筑为潮汕地区现存规模最大、保存最完整的巨型府第式建筑群。建造过程历时 20 年，已有 140 多年历史。占地面积达 6.3 万平方米，分“老寨”“中寨”“新寨”三部分，建筑面积为 3.2 万平方米。主体建筑物——大祠堂的房屋刚好是 100 座，所谓“百鸟朝凤”，象征吉祥之意。中寨和新寨的建筑格局是潮汕传统的“驷马拖车”。中间的大祠堂象征“车”，左右两边的次要建筑象征拖车的“马”。这种建筑风格寓意为坐在“车”上的列祖列宗由居住在两边、象征着子孙的“马”拖着，浩浩荡荡从远古走来。寨内有客厅、祠堂、佛堂、书斋、卧室、餐厅、库房、阁楼、门房，还有寨前广场、后花园、莲池、寨门、围墙，围墙外有护寨河，房屋总数达 773 间。这里是潮汕民居建筑形式的“百科全书”：有“三亘通”“下山虎”“四点金”“独脚狮”等，是典型的潮汕民居建筑风格，极具潮汕地方特色。整个建筑规模之大、构筑之精、造型之美，堪称建筑艺术领域的奇葩。2008 年，德安里民居群（含燕怡堂、怡承堂、承先堂、方氏家庙）被广东省人民政府公布为广东省文物保护单位。

普宁洪阳镇德安里村

四、粤西地区名胜古迹

（一）“南海Ⅰ号”沉船发现地——阳江

秦始皇统一全国后，推行郡县制度，秦始皇三十三年（前214年）派军队攻打珠江流域的越族，平定百越后，两阳属其中的南海郡，开始由奴隶社会向封建社会过渡。汉武帝元鼎六年（前111年）新设了合浦郡高凉县，政治中心在今阳东县大八镇古城（另一说在麻汕上塘村）。南北朝时，两阳的地位显得更为重要了。梁大通元年（527年）高凉郡从广州分出，连同杜陵郡、宁康郡、阳春郡等合设为高州，州治中心在今江城，管辖今阳江市及茂名市的大部分地方（包括今高州良德）。阳江由郡升格为州，下管郡，郡管县，历时123年，是祖国南疆的交通要冲、军事重镇。

隋开皇十八年（598年），在今阳江地新设阳江县，此为阳江县得名之始。唐武德四年（621年），置春州，领阳春、流南2县。阳江有全国重点文物保护单位2处、广东省文物保护单位12处、广东省水下文物保护区1处。主要名胜古迹有遗址、古建筑、石刻、水下文物保护区等。如古人类的生活遗址阳春独石仔洞穴、南汉国的铸钱遗址、反映古驿道的摩崖石刻和阳春崆峒岩，以及出水的宋代“南海Ⅰ号”沉船等。

1. 独石仔洞穴遗址　（旧石器时代、新石器时代）

位于阳江市阳春市陂面镇鹿村岗西南面独石仔石山，东有漠阳江，屹立于诸山的环抱中，是一个裂隙溶蚀形成的高15米、宽28米、深40米的山洞。洞穴两端较高，中部稍低，面积约200平方米，洞口面向东南，倚山近水；洞内通风，干爽透气，有暗有光。堆积层厚2.8米，有胶结坚硬与松散之别，自上而下分为5层，除表土层和底层为生土层外，其余3层就是上、中、下的三个文化层。上文化层是灰褐色砂土呈疏松的胶结体，含砸顶的螺壳，最厚为80厘米；中文化层是灰黑色砂黏土呈板状胶结体，含少量砸顶螺壳，厚70～130厘米；下文化层是灰黄色砂黏土无甚胶结，含未砸顶螺壳，厚70～130厘米。在进行的四次发掘中，共获得打制和磨制石器、骨器400余件，动物化石千余件。出土的打制石器和半成品打制方法较简单，均用单面打击法，多无第二次加工，器身保留部分砾石面。出土的磨制石器，磨制粗糙，有切割器和穿孔石器。骨器利用动物骨骼磨成，有骨镞、骨锥等。有人类牙齿1枚，发现于下文化层，是智人的左侧第一臼齿，属于一个青年个体。考古人员对各层标本进行年代测定，判断上文化层距今14262年，中文化层距今15350年，下文化层距今16680年。独石仔洞穴遗址是广东省目前发现的地层保存较好、出土遗物丰富的旧石器时代晚期至新石器时代早期的古人类洞穴遗址，为研究广东省西南部人类发展史提供了实物依据，具有很高的历史研究价值。2013年，独石仔洞穴遗址被国务院公布为全国重点文物保护单位。

独石仔洞穴遗址

2. 石望铸钱遗址　（五代十国）

位于阳江市阳春市石望镇建设村铁屎迳自然村。是南汉刘龑王朝铸造“乾亨重宝”铅钱所在地。刘龑于后梁乾化元年（911年）在广州称帝，改国号为“大汉”，管辖范围包括今广东、广西两省（自治区）及越南北部，史称南汉，定都广州。遗址于1982年被发现，占地面积22620

平方米，堆积冶炼废弃炉渣厚达 20 ~ 180 厘米，基本裸露在地表上，或覆盖在植被下，堆积层中有红烧土块、炭块及炉渣和炉壁碎片。出土遗物有石钱范、铅锭、铅矿石、铸后残留的铅渣和青瓷碗、罐、瓜形执壶等。钱范为砂质板岩制作，圆角长方形，分为阴文和阳文范母两种，每范有 10 ~ 12 个小圆钱模，分列两行，阳文范母阴刻篆体钱文“乾亨重宝”四字。2011 年在距离遗址 400 多米处出土南汉时期“乾亨重宝”铅钱 1900 多枚。据《十国春秋》载，刘龑因国用不足，又铸乾亨重宝铅钱，十当铜钱一。石望铸钱遗址是此地开采铅锌矿，铸“乾亨重宝”铅钱的实证，填补了南汉国铸造铅钱地点的空白；为研究中国的钱币史、五代南汉币值和刘龑王朝经济状况提供了重要的实物史料，2019 年被国务院公布为全国重点文物保护单位。

石望铸钱遗址

3. 七贤书院 （清）

位于阳江市阳西县织篢镇太平村，前身是忠勇祠，始建于明万历三年（1575 年）。明朝朝廷为了平定倭寇，发动了两场抗倭战争。第一次是在明隆庆五年（1571 年），总兵张元勋率领将士在儒洞一带与倭寇决战，斩杀倭寇约 200 人。第二次发生在明万历二年（1574 年），张元勋将敌军诱逼至对明军有利的地方（即上洋沿海），设伏兵于海边丛林之中，待敌军进入伏击圈后即出击，致使敌军死亡约 1000 人。战争胜利后，张元勋就在太平驿城之东隅建忠勇祠。忠祠内墙镶嵌有一块“记七贤书院后堂壁”石碑，是清代翰林侍读学士翁方纲所写，为的是纪念抗倭的英雄们。清乾隆三十一年（1766 年），绅耆在忠勇祠旧址前面捐资建造了一座七贤书院，纪念唐宋时期放逐海南、雷州的李德裕、寇准、苏轼、苏辙、秦观、赵鼎、胡铨七位贤臣。到清光绪十八年（1892 年），当地人刘子校（官至副御史）告老还乡后，重修七贤书院，以宗祠的模式建造。其建筑坐北向南，面阔三间，深三进，四合院布局模式，建筑面积 1377.9 平方米，通进深 6.65 米，通高 5.83 米。这些名人在历史上影响深远，在岭南地区有历史现实意义。2008 年，七贤书院被广东省人民政府公布为广东省文物保护单位。

七贤书院

4. 通真岩摩崖石刻　（宋至民国）

原名铜石岩，位于阳江市阳春市春湾镇东南方约 1 千米的铜石山上，是古代铜石寺的遗址。砌石门楼的门额上刻着“通真岩”三个遒劲的大字，门框边有一幅石刻楷体对联：“通灵古石仙遗迹，真赏名岩御赐书。”靠东面的悬空石壁上，石刻“歌台暖响”的上方，有一幅清晰的人物画像，描绘中国禅宗初祖达摩“只履西归”的故事。画像具现梵相，状若罗汉，其额头高阔，双目炯然，大耳环，身披僧服；锡杖倚肩，锡杖上端长长的飘带系着一只鞋，人物头部及衣衫着淡彩，线条简括飘逸，禅意盎然，栩栩如生，令人叹为观止。画幅纵横 98 厘米。隋大业年间（605—618 年），岩内建有德慧寺，铜石禅林曾享誉全国。通真岩摩崖石刻曾有多处，现保留宋至民国时期石刻 20 题。石刻最早的为北宋皇祐二年（1050 年），广东转运使祖无择刻于岩寺顶层崖壁上的留题，高 0.41 米、宽 0.45 米。还有北宋熙宁二年（1069 年）著名理学家、广东转运判官提点刑狱周敦颐到岩洞一游的题名。石刻内容丰富、题材各异，是阳春保留历史年代较早的石刻群。唐兴元元年（784 年），冼氏后人及伍氏后人共捐献田地，东至山岗，西至江水，北至石室岩洞池塘，南至石山田圳，全由德慧禅持管业，五代后梁乾化二年（912 年）在岩壁刻石为记，从此有较高文物价值的摩崖石刻在岩内不断出现。1989 年，通真岩摩崖石刻被广东省人民政府公布为广东省文物保护单位。

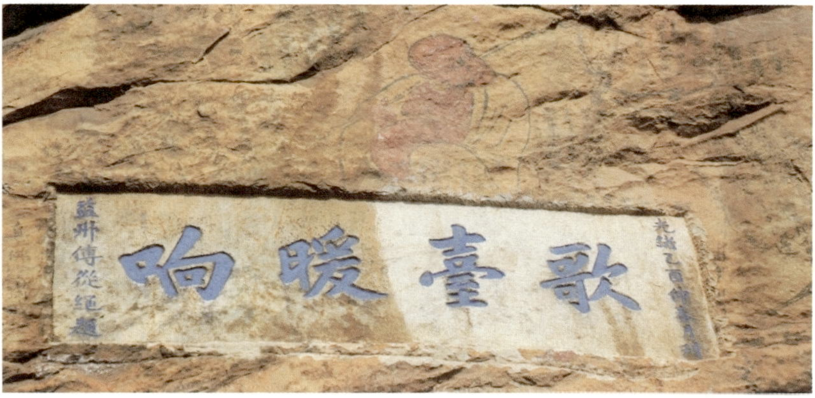

通真岩摩崖石刻

5. 崆峒岩摩崖石刻及洞内古建筑 （明至民国）

崆峒岩位于阳江市阳春市城西 3 千米处，崆峒岩发迹于明万历五年（1577 年），建有玉皇阁、文昌阁等，清乾隆二十一年（1756 年）由县令姜山辟其洞门，改山门向东，增建山门、禅房等建筑。崆峒岩是全国“四崆峒山”之一，因“黄帝问道于崆峒”而得名，它与河南汝州和陕西临洮、岭东定安的崆峒诸山并列。洞内石钟乳奇特，岩洞宽阔，历代文人骚客纷至沓来，宋代著名理学家周敦颐亲临探胜。洞内分五层，石钟乳形成的狮子岩、瀑布岩、冷西一柱观、和尚拜观音等景观，千姿百态。崆峒岩岩中有寺，寺外有峰，自然风景和人文景观俱全，以古雅清幽为特色，可游览面积 3 万多平方米。摩崖石刻位于阳春市城西崆峒岩洞内。原有石刻近百题，因年久风化剥落和人为的损害，现有保存较完好的 44 题，其中摩崖石刻 37 题，碑刻 7 通，分布于各景点，有题字、题句、题诗、题铭，内容有描情写景、状物记人，字体有篆书、隶书、楷书、行书、草书等。最早的是“崆峒岩”三字及其联语“洞开重门，虚旷中景物千端呈本色；丹成一点，隐冥处变态万种透天机”。石刻高 1.8 米，宽 1.4 米。“崆峒岩”三字，每字径 0.52 米，刻于万历五年（1577 年），作者王许之，高安人，万历元年官电白令。其次为万历十三年（1585 年）刻于岩洞后厅右侧岩壁的阳春知县题诗，清乾隆二十一年（1756 年）礼部尚书曹秀先游崆峒岩，为姜山重修崆峒岩题“岩亭”二字，大小 0.47×0.58 米，笔墨雄浑，还撰写“慧石铭”，寥寥数语，尽将岩洞生新、众人惊异等情景描绘得活灵活现。“千岩表”三字，萧丙堃摹，横书楷体，铭语、落款为楷体阴刻，模仿的是韩愈于唐贞元十九年（803 年）在阳山县城北部朝阳洞侧一巨石的题刻。1989 年，崆峒岩摩崖石刻及洞内古建筑被广东省人民政府公布为广东省文物保护单位。

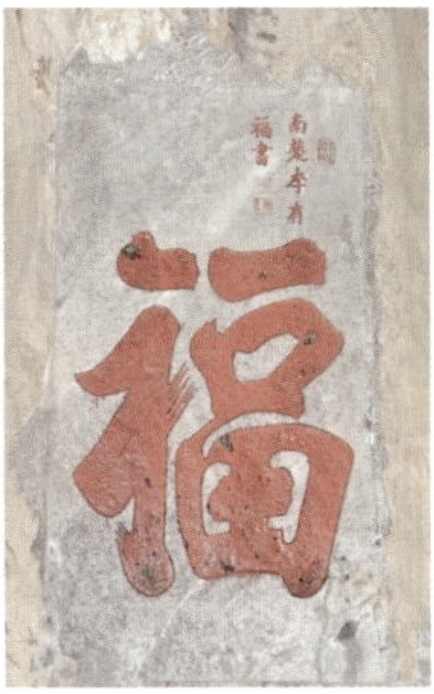

崆峒岩摩崖石刻及洞内古建筑

6. “南海Ⅰ号”沉船　（宋）

位于阳江市海域离台山上川岛较近的地方，距海岸约 37.044 千米（约

20 海里），是南宋初期一艘在海上丝绸之路向外运送瓷器时失事沉没的木质古沉船，1987 年被发现，是国内发现的第一个沉船遗址，距今 800 多年，是迄今为止世界上发现的海上沉船中年代最早、船体最大、保存最完整的远洋贸易商船，为复原海上丝绸之路的历史、陶瓷史提供极为难得的实物资料，甚至可以获得文献和陆上考古无法提供的信息。沉船长 41.8 米，宽 11 米，高约 4 米（不算桅杆），是尖头船，推测是从中国驶出，赴新加坡、印度等国家或中东地区进行海外贸易。从出水物品来看，始发港口可以肯定是来自福建的泉州。至 2019 年，船舱内货物已清理完毕，出水文物总数超过 18 万件，堪称中国水下考古之最，其中尤以铁器、瓷器为大宗。现存的货物以瓷器、铁器为主，钱币亦有相当数量，纸张、丝绸等有机质货物可能已分解不存。其中有瓷器、金器、银器、铜器，铜钱约 17000 枚，以及大量动植物标本、船木等。有不少是价值连城的国宝级文物。“南海 I 号”沉船为研究我国古代造船工艺、航海技术等都提供了典型标本，其搭载的文物也有可能解开海上丝绸之路的诸多秘密，其文物考古价值远远高于经济价值。2015 年，“南海 I 号”水下文物保护区被广东省人民政府评为第一批广东省水下文物保护区。

“南海 I 号”沉船出土文物

7. 阳东雅韶镇西元村

位于阳江市阳东区雅韶镇东南部，是一个林茂竹翠、溪河充沛的小山村。村落依山而建，高低错落，布局合理，结构严谨。村前有河流通往阳江市区，附近3千米处有口岸北津港，与外界海路相连，交通非常方便。阳江地区属于肇雷古驿道线路，这里是以海洋贸易文化等为特色的“海丝”起源之路，曾经繁盛的商业造就了一批颇具特色的古村落和古建筑。西元村就隐藏着保存完好的清代民居建筑群，当地人称之为“雅韶十八座”。整个村落坐北朝南，南面是一方长塘，周围由旁屋、围墙与门楼围着，中有祠堂、水井，仿若一个与外界隔绝的独立世界。村落中心是分为南北两排的房屋，这就是被称为“雅韶十八座”的谭氏民居古建筑群。每栋房屋由3座建筑构成，北面6栋房屋共18座建筑物，是为“上十八座”，南边6栋18座房屋也是同样的构造，由于是后建的，因此被称为“下十八座”。规模庞大的古建筑群是由清朝的当地富商谭谓所建，主体规划像是两个并排躺倒的“非”字形，构成非常规整的巷道，两排房屋门户东西相向，每座房间形式完全一致。2012年，“雅韶十八座”入选广东省古村名单。2013年，“雅韶十八座”入选中国传统村落。

阳东雅韶镇西元村

（二）海上丝绸之路的港城——湛江

湛江，旧称“广州湾”，别称“港城”。秦始皇统一中国后，湛江辖地归属象郡。湛江市区历史上属遂溪、吴川两县。隋至唐初，郊区湖光镇旧县村曾先后为铁耙县、遂溪县县治。南宋景炎三年（1278年），宋帝赵昺即位于市区硇洲岛，升硇洲为翔龙县。明洪武年间（1368—1398年）至清雍正年间（1723—1735年），曾先后在市郊旧县村和东海岛设置椹川巡检司。光绪二十五年（1899年），晚清政府与法国签署《广州湾租借专条》，广州湾被强租给法国。中国现代著名诗人、学者闻一多先生写下了名篇《七子之歌》，“七子”指澳门、香港、台湾、威海卫、广州湾、九龙、旅顺大连七处“失地”，其中第五便是“广州湾”——湛江。1943年，日军侵略者从法国人手中接管“广州湾”，1945年日本投降后，民国政府于当年9月21日光复广州湾，以原范围划设市治，因史上曾属椹川县，境内东海岛曾设椹川巡检司，古“椹川”亦称为“湛川”，故定名为“湛江”。古时，湛江一带土著民族为少数民族。唐至明代，大批汉人从福建莆田、漳州及浙江一带迁至雷州半岛，带来了形成于福建一带的闽语（潮汕话）。由于人多势众，闽语成了雷州半岛最通用的语言，并发展成雷州话（或称作“俚话”）。几乎在闽语传入雷州半岛的同时，形成于西江一带的粤语（白话）亦开始传入湛江。较迟传入湛江的方言是客家语（哐话）。1994年雷州被评为第三批国家历史文化名城，现有全国重点文物保护单位5处、广东省文物保护单位54处。主要名胜古迹有古遗址、古墓葬、古建筑、近现代重要史迹及代表性建筑等。如徐闻县治与徐闻港旧址、雷祖祠及反映法国强占广州湾（湛江）的法国公使署旧址和法军指挥部旧址等。

1. 徐闻二桥遗址 （汉）

位于湛江市徐闻县徐城街道西南约10千米的五里乡海岸边，包括二桥、南湾、仕尾村的半岛形地带。1982年被发现，1993—2003年发掘，地层堆积为四层，第二、第三、第四层均为汉代文化层，在高台崖壁还发现泥、砂、石合筑的夯土层。清理井1口、墓葬3座、房址4座以及灰坑、烧土面及柱洞等，出土大量绳纹板瓦和筒瓦，少量卷云纹瓦当、“万岁”瓦当，并见平面饰米字纹、菱格纹的铺地砖。陶器有瓮、罐、碗、钵、盆、盂、釜、网坠、陶棒、器盖、器座等，饰米字纹、方格纹、方格戳印纹等。还有龟钮铜印 1 枚，印文为“臣固私印”。在高台遗址的探沟里发现相对完整的卷云箭镞纹、绳纹瓦当，出现铁器、铜器、兽纹铜铺首、陶罐等高级别的西汉遗物，疑此为左右侯官的营房。此外，还有上马石、八角栓栏航海标志灯石盘等遗迹。遗址南面临海，与三墩相望，和古籍所记相合。从遗址遗迹的地理位置及遗物特征分析，此地应是汉徐闻县治与徐闻港之所在。徐闻二桥遗址是探讨汉代海上丝绸之路始发港的重要资料，2015 年被广东省人民政府公布为广东省文物保护单位。

徐闻二桥遗址

2. 唐氏墓群 （宋至清）

位于湛江市雷州市唐家镇柯山岭，始建于南宋咸淳五年（1269 年），共 52 座，其中宋代石墓 6 座、元代石墓 17 座、明代石墓 6 座、明清土丘墓 23 座。坐西北向东南，是粤琼唐氏始祖唐莸林及历代功名子孙的陵园，总占地面积约 343100 平方米，以唐莸林石墓为中心，周围分布着宋至清代墓葬，葬在这里的都是有一定官阶或功名的唐氏历代子孙。在陵园前有刻“阳洒离陲”四字的大石坊，右边立有 1942 年《海康地方法院布告》石碑，刻有“不得在该山岭添坟墓及砍伐树木”等内容。唐莸林，南宋绍兴二十九年（1159 年）生于广西桂林兴安县，南宋嘉定元年（1208 年）进士及第，钦任雷州府户禄推官。一生廉洁，勤政爱民，诰授承御银青大夫，卸任后留居雷州开基立业，南宋淳祐四年（1244 年）逝于雷州。唐氏墓群保存完好的墓葬数量之多，在粤西乃至广东也属罕见，对研究唐氏家族发展史、民族历史及雷民迁移史有重要价值，也是研究古代葬俗的实物材料，2013 年被国务院公布为全国重点文物保护单位。

3. 贵生书院与门前古道　（明）

位于湛江市徐闻县宾朴古城内圣殿塘东。书院坐北向南。明万历十九年（1591 年）汤显祖谪任徐闻典史添注时，见“其地人轻生，不知礼义”，故与知县捐资创建书院。取名“贵生”，意在宣扬“君子学道则爱人”“天下之生皆贵重”的人文观。书院建成后，屡经修葺。现建筑为清道光元年至道光三年（1821—1823 年）重修，占地面积 3030 平方米，院落式布局，中轴线上依次为前厅、中堂、亭阁、后厅。前厅为硬山顶，面阔 13.5 米，进深 7 米，门额灰塑“贵生书院”四字。东西学斋各 6 间，分别名为：博学、审问、慎思、明辨、笃行、格物、致知、诚意、正心、修身、齐家、治国。后厅为塾师授徒场所。1985 年重修前厅，重建学斋、亭阁、后厅，加筑院内石道。古道在书院门前，为元、明、清三代所建，徐闻城内自西门外牌坊起，连贯贵生书院和学宫的通道，横穿古城出东门。现仅存龙尾街残段和贵生书院至西门外一段，长约 732 米，宽处 4.6 米，窄处 2.3 米，路面用规格不一的玄武石条铺砌，经年久碾磨，石面留有数道牛车铁轮轨迹，古貌斑驳。现已成立贵生书院纪念馆。1989 年，贵生书院与门前古道被广东省人民政府公布为广东省文物保护单位。

贵生书院与门前古道

4. 雷祖祠　（明、清）

位于湛江市雷州市白沙镇白院村，始建于唐贞观十六年（642 年），是唐代首任雷州刺史陈文玉的纪念祠。现保留的建筑主要是明清时期的遗构，坐北向南，分三进，有山门、钟楼、鼓楼、拜亭、雷祠三殿及小花园、太祖阁等。大殿依次祀奉着雷祖陈文玉、英山石神、西汉飞将军李广，太祖阁祀奉着雷祖的父亲陈鉷。硬山顶式桁梁结构，规模雄伟，建筑方式独特，是岭南地区最大的祠堂建筑之一，具有典型的南方建筑特点。祠内保存有五代时期的石人四尊，殿后两侧设有碑廊，保存有宋至清代碑刻 40 余通，是研究雷州历史文化的珍贵资料。雷祖祠雷祖的神奇传说至今仍脍炙人口，历代显宦名流、文人墨客，留下了许多感人诗篇，寇准有诗，东坡留赋，丁谓作记，李纲题碑，这些都具有很高的历史、艺术、建筑和文物价值。1993 年成立雷祖祠游览区管理处。1996 年，雷祖祠被国务院公布为全国重点文物保护单位。现由雷祖祠文物保护管理所管理。

雷祖祠

5. 硇洲灯塔　（1899年）

位于湛江市麻章区硇洲镇孟岗上岭村马鞍山顶，清光绪二十五年（1899 年）由法国人设计，硇洲岛工匠招广裕主持施工建造，至光绪二十九年（1903 年）竣工。建成后，主要作为法国军舰和沿海商船进出广州湾、湛江内陆的航标灯塔，1945 年与广州湾租界同时收归由中国管理，是世界稀有的由水晶磨镜和水银转盘组成灯具的航标灯塔。通高 20.96 米，由塔座、塔身、灯座三部分组成。塔座和塔身用花岗石构筑，塔内为螺旋式步阶，盘旋 66 级到达灯座平台。灯具由 163 条（抗日战争时期已缺 1 条）弧形三棱水晶镜片和凸透镜组成，灯座内盛水银 2.5 吨作为灯具旋转润滑剂，转速周期为 5 秒，原用 31.75 千克（70 磅）重锤钟表式发条牵引灯具旋转，1984 年改用电动转速箱，用 1000 瓦钠灯代替原来的五头嘴热铁器发光。灯光通过三棱水晶镜片从不同位置和各个角度互相折射，由凸透镜聚成强烈光束，射程 48.152 千米(26 海里)，1989 年采用灌浆法加固塔顶，灯座外围建有瞭望台，是采用中西技术的近代建筑，被誉为水晶灯塔，属于湛江航标处硇洲差分台。硇洲灯塔与伦敦灯塔和好望角灯塔并称世界三大灯塔，又是世界上现存两个水晶磨镜灯塔之一，其结构合理，工艺细致，灯具科学，外形美观，牢固厚重，既指引船只航向，又是近百年广州湾——湛江的历史见证物之一。1996 年，硇洲灯塔被国务院公布为全国重点文物保护单位，现由 2000 年成立的广东海事局湛江航标处负责管理。

硇洲灯塔

6. 广州湾法国公使署旧址和法军指挥部旧址 （1903 年、1905 年）

位于湛江市霞山区海滨路，始建于清光绪二十九年（1903 年），是法国殖民者在广州湾租界地最高统治机关所在地。旧址于光绪二十六年（1900年）兴建，为混凝土结构，门窗仿哥特式，二层楼房，砖石砌筑，建筑面积800平方米。门前有宽阔阳台进入大厅，外形庄重肃穆，有鲜明法式建筑风格，堪称法式建筑遗迹中最早的建筑。光绪二十四年（1898年）4月，法国侵略者强占海头汛（今湛江市霞山区），光绪二十五年（1899年）11月，法国强迫清政府签订《中法互订广州湾租界条约》，将当时雷州府所辖的遂溪县和高州府所辖吴川县的部分土地划为租界范围，租期99年，定名为“广州湾”，从此广州湾成为一个独立行政区域。1943年2月，广州湾被日本侵略军占领，1945年9月21日，日军向国民政府军投降，广州湾光复。根据中法政府此前达成的协议，法国宣布将广州湾交还给中国政府，10月19日交接仪式在广州湾公署举行。1946年1月，广州湾正式更名为湛江市。现已成立广州湾法国公使署旧址纪念馆。2013年，广州湾法国公使署旧址和法军指挥部旧址被国务院公布为全国重点文物保护单位。

广州湾法国公使署旧址和法军指挥部旧址

7. 雷州英利镇青桐村

位于湛江市雷州市英利镇东部，因村里长着高大的青桐树，又坐落在青桐洋畔，故名。面积130多平方千米，始建于明隆庆年间（1567—

1572 年），有 400 多年历史。詹团为东莞詹天赐的八代孙，曾登岁贡，任琼州府教授，官阶七品。明清时期，青桐村原属徐闻县，号称“徐闻第一村”。有科名者 134 人、出仕者 83 人，且经商者众。这些人功成名就后，便利用声望集资建祠堂，不经意为后代留下了一笔丰厚的文化遗产。现村中有宗祠 6 座，建筑面积共计 13200 平方米。后人以对联颂曰：“河间溯深源万派支流皆活泼；青桐推良树千年枝叶永蕃昌。”青桐村山明水秀，人杰地灵，所谓“文风蔚起、书礼传家”。自古至今尊崇儒术、重教尊师，传承先祖崇文好学之风，多为书香门第，人才辈出。一幢幢明清大宅、祠堂、古民居中还隐约可以看到当年的规模与气派。青桐村以祠堂数量多、规模大、工艺精美而饮誉雷琼，村中的建筑既具有岭南宗祠的经典样式，又独具自己的情致和品格。刚栗公祠为其中之最，清光绪年间（1875—1908 年）建造，三年乃成；坐落在村东，建筑面积 2350 平方米，开光之日，美轮美奂，金碧辉煌，轰动雷、高、琼三府，被时人称为“靓祠堂”，是一座具有典型岭南建筑风格的祠堂。

雷州英利镇青桐村

8. 遂溪建新镇苏二村

位于湛江市遂溪县城东南 33 千米，原名荔枝村，后改名“苏二村”的原因与苏东坡的故事有关。一说苏东坡很喜欢吃荔枝，留有“日啖荔枝三百颗，不辞长作岭南人”的佳句。他从惠州被贬海南，途经遂溪南北要塞“三十里官路”时，便慕名走进荔枝村，可惜荔枝成熟的季节已过。后来，苏东坡先生遇赦北归，经过此村时正逢五月，他再次踏进荔枝村，这时村里的长老便捧出味道最美的荔枝王——“双袋子”来招待他，他终于如愿以偿。村民为了纪念苏东坡两次踏进荔枝村，便把荔枝村改名为“苏二村”。另一说是，苏东坡当年从惠州被贬海南，途经遂溪南北要塞“三十里官路”时，进荔枝村问路，村姑不为苏东坡指路，还出题目为难。后来村姑知道此人便是苏东坡，为了纪念苏东坡曾来过此地，故以苏东坡在“三苏”中排行老二之意改村名，即“苏二村”。村里历史文化底蕴十分深厚，既有郁郁葱葱的百年老树，更有铭刻历史脚印的千年古井。村里的古建筑群是粤西地区保存较好的古建筑之一，全村共有 40 多座古民居，建于明清时期，风格同中有异，以一条纵向的主道和多条横向的巷街为主要骨架，构成以东向为主、向南北延伸的村落街巷系统，均以青石铺地。古建筑以石砖结构为主，木雕、石雕、砖雕丰富多彩。巷道、民居布局相宜，空间变化韵味有致，建筑色调高雅大方。浮雕刻有花草树木、鸟兽虫鱼，形象栩栩如生，其工艺精湛，巧夺天工。古建筑结构之巧、装饰之美、营造之精非常罕见。

遂溪建新镇苏二村

（三）冼夫人故地——茂名

“一块矿石孕育一座城市”，这就是茂名。茂名，秦时分属象郡和南海郡，隋开皇十八年（598 年），用西晋永嘉年间（307—313 年）的道士潘茂名之名取名为茂名县，唐贞观八年（634 年）又把南宕州以潘茂名的姓命名为潘州，治茂名。中国以道士之姓设州名，以名设县名，唯有潘茂名一个。高州为广东省历史文化名城。茂名现有全国重点文物保护单位 2 处、广东省文物保护单位 28 处。茂名在距今 4500 年前的新石器时期，就有土著民族在此繁衍生息。茂名历史上出过不少名人，如岭南道教先驱潘茂名、“岭南圣母”冼夫人、岭南著名才子陈鉴等。主要名胜古迹有古遗址、古墓葬、古建筑、近现代重要史迹及代表性建筑等。如属冼夫人遗迹的南朝时期高州电白郡、县城遗址和电白隋谯国夫人冼氏墓，明代的高州宝光塔，清代农民起义首领陈金釭在信宜成立的大洪国等。

1. 电白郡、县城旧址　（南朝）

位于茂名市高州市长坡镇旧城，是一座千年古城遗址，东北靠宝鸭高山，西南接石骨大河，其间地形开阔，局势险要，有两重城，之间有一条宽 25 ~ 63 米宽的护城壕环城围绕。外城南、北面城墙均长 421 米，东、西面城墙均长 503 米；内城南、北面城墙均长 300 米，东、西两面城墙均长 281 米。内、外两城墙都是用纯黄泥夯成的土城。每夯一层高 10 ~ 12 厘米，土色可辨，层次可分，内外两城夯土墙厚度分别为 5.5 米和 5.8 米，土墙两侧再镶以砖墙。内城墙厚达 25 米，外城墙厚达 28.5 米，两重城的四个角都砌砖墙，同时砌有守军的城楼，东、西、南三个城门均用石条加固。背山面水，有城有壕，堪称金城汤池。城内偏西有两口古井，口部都很小，井底有取水陶器。在这两口古井附近，有面积 700 多平方米（1 亩多）的地窖埋藏有陈仓米（碳化米）。据《读史方舆纪要》和《高州府志》载，电白县为汉合浦郡高凉县地，梁置电白县和电白郡，隋平陈郡废，属高州。唐大历十一年（776 年）移高州治此，明成化九年（1473 年）毁于瑶。县移神电卫城，这里变成废墟，后人叫此地为旧城。旧城是冼夫人于南朝梁和隋朝时的办公场所，具有重要的历史价值。1989 年，电白郡、县城旧址被广东省人民政府公布为广东省文物保护单位。

电白郡、县城旧址

2. 隋谯国夫人冼氏墓　（隋）

位于茂名市电白区电城镇山兜丁村娘娘庙后。墓坐西向东，陵园四周墙垣清晰可辨，南北长 106 米，东西宽 120 米。中间明显隆起，隆起范围略呈圆形，直径约 25 米，疑为墓室。东南角外 10 余米有原负碑赑屃一个，石质青黑，上刻龟甲纹，长 150 厘米，宽 126 厘米，厚 72 厘米；碑槽长 65 厘米、宽 55 厘米、深 38 厘米。墓前竖有清嘉庆年间（1796—1820 年）重立的墓碑一通，花岗岩质，其地面部分高 188.5 厘米，宽 71 厘米，厚 18 厘米。碑文为楷书阴刻，中间刻“隋谯国夫人冼氏墓”，上款“嘉庆己卯”，下款“电白知县特克星阿、电茂场大使张炳立石”。冼夫人（约 522—约 602 年），高凉俚人部落首领，汉人高凉太守冯宝之妻。助夫共理政事。在梁、陈、隋三朝协助朝廷打击岭南地区的分裂割据势力，“唯用一好心”，被隋朝册封为“谯国夫人”。2004—2006 年，广东省文物考古研究所对陵墓进行考古勘查，发掘面积 1600 平方米，出土有南朝至隋唐时期莲花纹柱础、曲折纹青砖、莲花纹瓦当、兽形瓦等建筑材料，以及罐、盏、杯、香炉、砚台等陶瓷器和铜镜、铜钱，还发现隋唐时期的殿堂、散水过道、碑亭等遗迹。2013年，隋谯国夫人冼氏墓被国务院公布为全国重点文物保护单位。

隋谯国夫人冼氏墓

3. 宝光塔 （明）

俗称“粉塔”，位于茂名市高州市城西鉴江边，明万历四年（1576年）建，为平面八角九层仿楼阁式砖塔。通高65.8米，底座平面直径12米，底层边长5.72米，塔身全部用青砖砌筑。塔基为须弥座，束腰部分各面均嵌有花岗岩浮雕，每块浮雕长1.45米，高0.55米，浮雕图案分别有吉祥富贵、双凤朝阳、鹏程万里、鱼跃龙门，还有独具特色的高州香蕉图等，两块浮雕之间，镶嵌一块竹节形石浮雕相隔，竹节浮雕长0.55米，宽0.28米。基座每角镶嵌一尊托塔力士浮雕，高0.55米，宽0.38米。托塔力士双手高擎塔身，给人以安全稳重之感。塔内建有螺旋形砖级，塔腔为壁内折上式，沿着阶梯，可以逐层攀登，直到塔顶。塔身假平座，每层开东、南、西、北四个小门，设四面真门、四面假门，两两相对，塔顶现为铜质葫芦形。宝光塔塔门用砖雕图案装饰，门额上方用砖雕阴文横书“宝光塔”。右上方有两行竖书阴文款，分别为“分守岭西道政朱东光”和“参政徐大任”；左下方有阴文竖书落款“万历丙子仲春建”。宝光塔是广东省最高的楼阁式塔，具有较高的历史、科研和艺术价值，2019 年被国务院公布为全国重点文物保护单位。

宝光塔

4. 登楼村天后宫 （清）

位于茂名市电白区树仔镇登楼村，为纪念妈祖（林默娘）而建。宋徽宗初年，由从福建莆田迁来电白登楼港定居的林氏族人立灵敬奉。北宋宣和四年（1122 年），奉旨新建庙宇，赐“慈顺宫”匾额。清道光二年（1822 年）重建时改为天后宫。该天后宫坐北向南，总建筑面积约 500 平方米，两进四合院落式布局，面阔四间 16.7 米，进深三进 21 米，青砖墙石脚，硬山顶，穿斗抬梁式梁架结构，灰塑脊饰双龙戏珠，封檐板雕刻人物故事图案。首进脊顶饰有双龙戏珠及飞檐斗拱，灰塑花鸟鱼虫等吉祥物构建图案。内墙壁、栋梁均雕有人物、花鸟、鱼虫等图案。前厅壁上镶有林默娘生平功德木匾一块，为清代遗物，字为阳刻。2006 年重建后的天后宫，比较完整地保留了原有艺术构件、彩绘壁画和木雕，为研究闽人入粤、渔民信仰和建筑艺术提供了宝贵的实物依据。2012 年，登楼村天后宫被广东省人民政府公布为广东省文物保护单位。

登楼村天后宫

5. 大洪国王宫旧址 （清）

位于茂名市信宜市镇隆镇八坊村文明街，原是信宜学宫，始建于元至正十四年（1354 年），明清时期重建修葺。清咸丰四年（1854 年）六月，广东天地会首领陈金釭在三水范湖率师武装起义，围攻三水县，同年十一月联合各路义军围攻广州，次年二月，撤围北上转战粤北，挺进湖南，因在郴州受阻而回师广东连州、阳山一带，在两广边境活动作战，队伍发展到几万人。咸丰七年（1857 年）攻占怀集、贺县（今贺州市）及西江以北的广大地区，建立大洪国，称“南兴王”，后在贺县受挫，又向南移，渡西江，入岑溪，咸丰十一年（1861 年），攻占信宜城，在学宫内立王宫，重建大洪政权，重申怀集时期“南兴王”的政令，在军事、政治等方面进行一番改革，出现了“中兴”景象，给清王朝以沉重打击。同治二年（1863 年），清军广东陆路提督昆寿调兵 80000 多人围剿王宫，进行血腥镇压。叛徒郑绍忠投降清军，并劝陈金釭降清，遭严词痛斥。陈金釭表示“宁做断头将军，不做投降将军”；

同年10月20日，被郑使部将陈瑞焘杀害于王宫，大洪国遂告结束。陈金釭响应太平天国革命的义举和英雄气节，给学宫的历史增添了光辉一页。现学宫保存有大成殿、东西配殿、棂星门、贤关坊、圣城坊等，建筑面积1000平方米。1989年，大洪国王宫旧址被广东省人民政府公布为广东省文物保护单位。

大洪国王宫旧址

6. 信宜镇隆镇八坊村　（唐）

位于茂名市信宜市镇隆镇政府驻地东面，与镇政府隔西江（北界河）相望，信宜古城址即位于该村，东、西两江环抱汇合于村南面。唐武德四年（621年）设立信义县时开村，距今1400多年。宋太平兴国元年（976年）避宋太宗赵光义讳，“信义”改称“信宜”，沿用至今。明朝八坊村属坊郭都，清朝属梓橦坊。民国初属第一区梓橦乡。明清时期，信宜驿路于该村设县前总铺（递）。铺址在今文明门内西边、民国信宜县政府门前，清末废。后城内居民日众，经多次拆建，铺址具体位置难以考证。现存较好古建筑物有大洪国王宫（学宫）、文明门、中山纪念亭、棂星门、起凤书院、黎照书院、简斋书院、陇西书院、陆大夫祠、岳耀宗祠、李仰吾公祠、青莪大屋、八角楼等。其中大洪国王宫于 1989 年被广东省人民政府公布为广东省文物保护单位，起凤书院于 2015 年被广东省人民政府公布为广东省文物保护单位，文明门于 2019 年被广东省人民政府公布为广东省文物保护单位。古驿道分二支，其中一支由县前总铺经青云路出文明门（南门），再从文明门到西江边慕礼渡，即现镇隆墟大桥头；另一支由县前总铺出西门，经大路街至慕礼渡。驿道经镇隆墟进入高州达府城，宽 2.5 米，长 2000 多米，夯土上铺青砖。1939 年，县政府以防日军空袭、便于居民疏散为由，拆除信宜古城墙，将城基改作环城公路。20 世纪八九十年代，村道建设时用混凝土覆盖，现驿道走向尚存。八坊村属低丘陵地带，背倚登高山，村南池塘稻田千顷，远挹山光，近吞水色，茂林修竹，风光旖旎，2013 年被评为广东省古村落。

信宜镇隆镇八坊村

（四）民风古朴的越地——云浮

先秦时期，云浮市境为百越地，属西瓯。秦始皇三十三年（前 214 年），秦军基本上占领岭南。随即，秦始皇将所夺取的岭南地区，设桂林、象、南海 3 个郡，云浮地属南海郡。汉初，市境属南越王国。西汉元鼎六年（前 111 年），设临允县（县治在今新兴县境内），为今市境内最早建立的县级建制。云浮市历史悠久，民风古朴，是汉族与瑶族、壮族、侗族等多个民族聚居的地方。由于受到不同历史朝代的族群迁徙和交往等的相互影响，多种语言并存于这一地区。云浮市地方语言有云浮白话、客家话（子话）、闽南话和古话等几个较大语种。其中，云浮白话属于广州话语系，虽带上当地乡音，但与广州话最接近，操白话人口占全市人口大多数，地区分布也最广。古话为罗定地方民族语言，主要分布在苹塘、双东等镇（街道）的部分地区。罗定为广东省历史文化名城。云浮现有全国重点文物保护单位 5 处、广东省文物保护单位 27 处。主要名胜古迹有古遗址、古建筑、石刻、近现代重要史迹及代表性建筑等。如磨刀山旧石器时代遗址、明代的云石矿场遗址、反映六祖遗迹的国恩寺、使用武则天造字的龙龛岩摩崖石刻、现代的灌溉水利工程长岗坡渡槽等。

1. 磨刀山遗址 （旧石器时代）

位于云浮市郁南县河口镇和都村，距现代河床约 500 米，年代为距今 70 万—50 万年。遗址于 2013 年 1 月被发现，出土各类石制品 300 余件，种类丰富，有石料、石核、石片、石器、断块与碎屑等，其中石器有手斧、手镐、砍砸器与刮削器等类型。第一地点发掘区主要分九层，其中第五层与第六层（B 区）分别为包含石制品的上、下文化层，其间有一层不含石制品的黏土层。第五至第八层强网纹红土堆积仍保留有河流沉积结构，从中可探测广东远古人类生存习性、生活形态及文化形态等内容。石器多以砾石为毛坯直接修理成形，部分利用断块为毛坯。石器加工技术以单面硬锤修理为主，仅少量手斧等见两面加工技术。可以确定古人类在磨刀山遗址下文化层形成时期的中心活动区范围远超 1000 平方米。其低效的石器生产程序、粗率的石器加工工艺及相对单一的石器组合正是适应湿热环境的体现，具有中国南方砾石石器工业的一般特征。磨刀山遗址填补了广东地区旧石器时代早期文化的空白。2015 年，磨刀山遗址被国家文物局评为“2014 年度全国十大考古新发现”。2019，磨刀山遗址年被国务院公布为全国重点文物保护单位。

磨刀山遗址

2. 云石矿场遗址 （明）

位于云浮市云城区高峰新村。原是一座云石山，东至云城街道牧羊村农田，南至石料厂宿舍，西至石料总厂，北至高峰街道梁石荣石材厂，有近 400 年的云石开采历史。经过 20 世纪 80 年代改革开放初期的大规模开采，这座原先高大巍峨的大石山，仅留下两座相邻的小石山，残留的石山布满云石开采时爆破和切割的痕迹，当年用锲山机一块块将石头切割下来的痕迹仍清晰可见。现存的两座小石山，面积约 860 平方米，自明代开采以来，历经清代与民国，到中华人民共和国时期都进行过大规模生产，是出产云石板材的云浮石料产地，也是云浮地区开采云石年代较早、规模最大的地方，见证了云石生产的发展历程，体现了云石开采工艺的进步，具有很高的历史和工业价值。2012 年，云石矿场遗址被广东省人民政府公布为广东省文物保护单位。

云石矿场遗址

3. 国恩寺　（明至民国）

位于云浮市新兴县六祖镇塔脚村旁龙山山脚，唐弘道元年（683年），佛教禅宗六祖慧能为报父母之恩开建，后在此弘法、圆寂。唐开元年间（713—741年）建六祖殿，唐太极元年（712年）六月建塔，明、清、民国时期多有兴修。国恩寺坐东朝西，建筑面积约9200平方米，由牌坊、天王殿、大雄宝殿、六祖殿、客堂、鼓楼、大势至殿、文殊普贤殿、斋堂、钟楼、达摩殿、报恩塔遗址等组成。牌坊建于明万历年间（1573—1620年），上嵌明末石湾陶塑“龙虎慧”；天王殿重檐歇山顶，门前两根明代石柱承托梁架，斗拱及屋檐雕刻各式图案；大雄宝殿面阔三间，前设月台，檐廊有2处明代须弥座式石柱础，殿内有8处唐代莲花覆盘石柱础，斗拱及雀替雕刻各式图案，檐廊与内殿之间设屏风间隔；六祖殿亦前设月台，檐廊有2处明代八角须弥座式柱础，殿内有宋、清柱础各4处，建筑结构及雕刻装饰与大雄宝殿相似；左侧报恩塔塔体已坍塌，尚留塔基、塔砖和地宫，塔址面积约30平方米。国恩寺有丰富的历史内涵，与中国佛教禅宗发展历史息息相关，承载着禅宗六祖慧能的重要事迹。寺院总体布局完整，以主体三大殿天王殿、大雄宝殿、六祖殿为中轴对称布局，层次清楚，建筑具有典型的清代岭南建筑风格，各大殿雕饰精美，具有较高的历史和艺术价值。2019 年，国恩寺被国务院公布为全国重点文物保护单位。

国恩寺

4. 大湾古建筑群　（清）

位于云浮市郁南县大湾镇五星村，面积 2 平方千米，有古宅 46 座，其中古民居大屋 27 座，祠堂 19 座。各座建筑巧饰石雕、楹联、匾额、镬耳等，龙脊飞檐，惟妙惟肖。绘画、雕塑、建筑三种艺术因子共冶一炉，交相辉映。风格独特，造型美观，外形雄伟，建筑材料和设计考究，雕梁画栋，琳琅满目，工艺精湛。经历悠悠岁月的洗礼，至今依然散发出迷人的风采，特别是那些斑驳的牌匾，袒露出这方水土曾蜂拥而出的各类人文景观。规模较大，布局集中，具有浓厚粤西地方艺术特点和民俗风格，保存完好，各具特色。主体建筑的梁、柱、斗拱、檐板、屏风、木雕、石雕、砖雕、壁画、脊饰等工艺精湛，具有很高的历史价值，还具有民间艺术、民族文化史、民俗生活文化史、古建筑史等价值，是展示岭南古代建筑艺术特色和粤西民族风格的艺术精品。2013年，大湾古建筑群被国务院公布为全国重点文物保护单位。

大湾古建筑群

5. 龙龛岩摩崖石刻 （唐、清、民国）

位于云浮市罗定市苹塘镇谈礼村龙龛岩洞室内的石壁上。唐武德四年（621年），永宁县令陈普光在龙龛石室辟立道场，于龛之北壁造当阳像，左右两厢绘画飞仙、宝塔、罗汉、圣僧，高宗上元年间（674—676年）重修道场，修建完成后，圣历二年（699年），陈集原撰写《龙龛道场铭并序》，将其镌刻于“龛座”中央位置的右（西）壁靠洞顶处，距地表高3米。铭文刻于凹凸不平的岩壁上，宽113～115厘米，高76～80厘米，全文1238字，分41行，每行字20～30字，楷书，每字约为方寸大小，除二三字剥蚀外，余皆可辨，笔法遒丽，镌刻技艺精湛娴熟。石室内还有清至民国间石刻多题，可辨认的访碑墨书题记

100 多处。《龙龛道场铭并序》是广东现存年代最早的摩崖石刻，也是岭南有最早绝对年代的石刻，并且是广东绝无仅有的一处唐武周年间刻石，铭序中使用了 15 个武则天新创文字，其中一字全国仅见，可以作为武周新字推行的断代依据。此外，石刻还大量使用了六朝碑俗字，是文学研究的一个珍贵史料。2013 年，龙龛岩摩崖石刻被国务院公布为全国重点文物保护单位。

龙龛岩摩崖石刻

6. 长岗坡渡槽　（1981年）

位于云浮市罗定市罗平镇的平垌、竹围、山田、双莲 4 个自然村及整个罗平盆地，是“引太灌金”工程的主要关键大型建筑物。渡槽 1976 年始建，1981 年建成通水。文物本体包括长岗坡渡槽、牛路迳至平洞引渠和花鹿坑渠段三部分。渡槽呈南北走向，引泷江上游罗镜、太平两条河河水，入金银河水库，全长 5200 米，包括平洞砌石拱渡槽 3450 米、砌石渠渡槽 1750 米。渡槽为连拱结构，有槽墩 133 个、跨拱 132 个，跨拱最高为 37 米，最大跨度 51 米。渡槽宽 6 米，深 2.2 米，流量可达 25 立方米 / 秒。渡槽工程采用肋拱形式和实心重力墩，除几个大跨度的跨拱以外，有 2700 米长的跨拱均为无筋拱或少筋拱，至今仍通水运行，未发生过漏水现象。长岗坡渡槽是中华人民共和国成立后南方最大的引水渡槽工程，也是当时世界上最长的引水渡槽之一，已成为我国社会主义集体化时期农业水利工程的杰出范例，以及见证我国水利工程发展历程的重要实例，2019 年被国务院公布为全国重点文物保护单位。

长岗坡渡槽

7. 云城腰古镇水东村

位于云浮市云城区腰古镇新兴江畔，占地面积 45000 平方米，始建于明永乐二年（1404 年），程氏先祖为避战乱而从河南迁至岭南，其后在新兴江畔肥沃的土地上繁衍生息。村民是中原望族的后代，皆以“程”为姓，始祖是开辟了“洛学”和“程朱理学”的北宋理学家“二程夫子”之一的程颢，辗转延至程氏岭南八世程绍明娶宋氏为妻，建村繁衍生息，至今已传 23 代。程氏后人秉承始祖家训，建设家乡，600 多年来，生活古朴、民风和谐，历代曾出现多位文、武举人。村中保存着明清建筑 588 座，其中明朝修建的明徵庙 1 间，祖祠 3 座，民居 163 间；清朝修建的祖祠 6 座，民居 421 间，是名副其实的“百年古村”。村中的明清古建筑群布局上体现了古代的风水理念，按照八卦和地形建造，以村的中间巷为轴线，将整个村的民居建筑分为东、西两部分。2012 年，水东村古建筑群（包括程氏大宗祠、活泉祠、颐燕书斋、涵斋程公祠、普泉程公祠、寿庵祠和大塘村程氏香火堂）被广东省人民政府公布为广东省文物保护单位。

云城腰古镇水东村

五、粤北地区名胜古迹

（一）古虞名郡——韶关

韶关有2000多年的城建历史，被誉为“古虞名郡”，古称东衡州，后得名于丹霞的名山韶石山，取韶石之名改东衡州为韶州，之后历朝沿袭。西汉元鼎六年（前111年）设曲江县时，便以韶关为县治。韶州得名韶关始于明清之际，在今韶关市区先后设立水陆三个税关收税，俗称韶关。韶关文化遗产丰富，地方特色浓郁，历史文化积淀深厚，是客家人的主要聚居地之一、马坝人的故乡、考古学石峡文化的发祥地、禅宗文化的祖庭、一代名相张九龄的家乡。世居的少数民族主要是瑶族和畲族，其中瑶族3.7万人，畲族1.1万人。韶关、南雄为广东省历史文化名城。韶关现有全国重点文物保护单位10处、广东省文物保护单位74处。主要名胜古迹有古遗址、古墓葬、古建筑、石刻、近现代重要史迹及代表性建筑等。如马坝人遗址（含石峡遗址），南越国时期的横浦关罗围城堡遗址，古驿道乳源的西京古道，唐宋时期的张九龄家族墓地、余靖墓，反映佛教艺术的丹霞山、塔，反映六祖遗迹的南华寺，反映革命战争年代的双峰寨和中共广东省委、中共粤北省委机关旧址等。

1. 马坝人遗址（含石峡遗址）　（旧石器时代、新石器时代）

位于韶关市曲江区马坝镇狮子岩。因南北并列一高一矮两座玲珑秀丽的石灰岩孤峰，其形如狮，故名狮子岩。岩内洞穴纵横，遍布形态各异的钟乳石、石笋、石柱等，底层终年积水，水质清冽；岩外草青木绿，郁郁葱葱，仿佛一幅泼墨山水画。1958年在狮子岩狮头山北面第二层溶洞中的一条裂隙发现人类头骨化石，粘接后，计有额骨、部分顶骨、右眼眶及鼻骨的部分，是直立人向智人过渡的早期古人类化石，被命名为马坝人。马坝人遗址对研究古人类在这一地区的活动和当时的地理气候、生态环境、人类起源、演变关系都有很大帮助，同时为进一步探讨人类演化和发展提供了重要的实物资料。马坝人遗址和石峡遗址都在同一个保护范围中，石峡遗址位于狮头山与狮尾山之间，已发掘近 4000 平方米，实际上其核心区达到 3 万平方米左右，是以稻耕为主的新石器时代晚期至青铜时代（距今 6000—2500 年前）的文化遗址。石峡遗址包含了四个不同时期的文化遗存，分别是青铜文化层、夏商文化层、石峡文化层和前石峡文化层。发现有柱洞、灰坑、陶窑、氏族公共墓地等，出土人工栽培水稻、近千件各式陶器，以及各种质材的贵重饰物和玉琮、玉钺等礼器，精美绝伦，为中国先秦文化的瑰宝。已将遗址的保护范围从原来的 0.86 平方千米扩大到控制地带共 1.6 平方千米，正在建设遗址公园。石峡遗址、马坝人遗址 1988 年起由韶关市曲江区博物馆负责管理，分别于 2001 年、2006 年被国务院公布为全国重点文物保护单位。

曲江狮子岩—石峡遗址

2. 罗围城堡建筑遗址 （汉）

位于韶关市始兴县太平镇罗围村犁头嘴浈江与墨江交汇处。城址 1984 年被发现，依山傍水，平面呈不规则椭圆形的三角形，城墙用河卵石砌筑基，其上用土夯筑而成。城址周长 420 米，底宽 4 米，上宽 2 米，墙高 3 ~ 4 米。城堡东西长约 120 米，南北宽约 70 米，总面积 8000 平方米左右。现残存四面城墙、平台、高台、望台、护城壕沟等遗迹。城墙是充分利用悬崖陡壁的险要地势，用大量黄土包裹混合夯筑而成的，墙体呈梯形，下宽约 4 米，上宽约 2 米。城内南高北低，南面有一高台，长 60 米，宽约 12 米，高约 2.5 米。东面有城门通道。北面有一个宽约 6 米的豁口，可能是城门通道。经调查和小范围试掘，出土遗物有汉代板瓦、筒瓦，绳纹瓦内壁为麻点，其他内壁为布纹。陶器主要有瓮、罐类，部分饰方形或圆形的戳印纹、方格纹，还有划弦纹。这处城址未见于史料，但其军事作用显而易见。据遗物分析，使用年代为西汉至东汉；据其位置及遗物分析，可能是横浦关。1989 年，罗围城堡建筑遗址被广东省人民政府公布为广东省文物保护单位。

罗围城堡建筑遗址

3. 西京古道 （唐至清）

由梯云岭段与猴子岭段组成，分别位于韶关市乳源瑶族自治县大桥镇与东坪镇，是沟通长江流域与珠江流域交通系统的组成部分。根据方志记录的“西京路”定名，西京古道年代可推定为唐至清代。其中，梯云岭段石质路面现存约 1900 米，有清乾隆二十一年（1756 年）修建的梯云岭亭，亭内有修路碑与建亭碑各 1 通，拱券门形制，北门两边行书阴刻碑联。猴子岭段石质路面现存约 1300 米，个别地段凿崖而成，有清乾隆十八年（1753 年）、清同治十一年（1872 年）修建的心韩亭和红云仰止亭，亭内存留石碑 3 通。此外，还有无祀石碑、芦竹石桥等遗存。西京古道自古以来就是岭南与岭北地区经济、文化和人员往来的通道，为研究中国古代对岭南地区的开发和营略、古代交通史等提供了珍贵实物资料，是科考、教学的重要场所，又是旅游观光、避暑度假的理想胜地。主要景观有古凉桥（其中通济桥有 240 多年历史，依然巍然挺立，保存完整，甚为少见）、古凉亭、观澜书院、古民居等。沿途的古文化遗存，是旅游、考古、科研、挖掘客家历史文化不可多得的珍贵实物资料。西京古道也是中小学生、青少年爱国主义教育基地，2019 年被国务院公布为全国重点文物保护单位。

西京古道

4. 张九龄家族墓地及余靖墓 （唐至北宋）

位于韶关市武江区墩子头村翠珠岭罗源洞山麓，墓地前面是张九龄（文献公）祠，祠堂后山约 120 米处是张九龄墓，下方有其妻卢氏墓，两侧有其父张宏愈、弟张九皋和张九章墓，皆为半圆形堆砖室墓。张九龄于唐开元二十八年（740 年）春回乡扫墓，因病逝世于家中，享年 63 岁，被追谥为“文献公”，唐开元二十九年（741 年）葬。张九龄墓为砖室结构，坐北面南，平面呈“古”字形，分墓室、甬道、耳室三部分。墓室为主体建筑，成四角攒尖式顶，长 7.98 米，宽 4.8 米，高 5.35 米。四壁及甬道均有侍女蟠桃园等壁画，是广东境内最早出土的、绝无仅有的唐代壁画。墓前神道有唐岭南节度使、著名书法家徐浩撰《神道碑》和杜甫作的《故右仆射相国张公九龄》诗碑及石羊 3 只。墓曾多次被盗，残存随葬品有陶罐、滑石佩饰、玉器、“张拯”陶砚和一方墓志铭。

张九龄（673 或 678—740 年）于唐开元年间（713—741 年）官至尚书右丞相，是一位有远见的著名政治家、文学家、诗人。张九皋（690—755 年），官至广州刺史，唐天宝十四年（755 年）病逝于西京（今陕西西安），享年 66 岁。

1978 年张九龄家族墓被广东省人民政府公布为广东省文物保护单位。

5. 余靖墓　（北宋）

位于韶关市武江区甘棠乡成家山，半圆形封土堆，墓状庄严，墓碑署“宋尚书余襄公安道墓”，落款为“北伐军总司令谭延闿题”。地面原设置的石雕无存，1982 年重刻的欧阳修撰的神道碑《赠刑部尚书余靖襄公神道碑铭》竖在墓右侧。

余靖（1000—1064 年），字安道，号武溪，韶关人，于北宋天圣二年（1024 年）中进士第，官至工部尚书；自少才调聪华，博学强记，对于历代史记、杂家小说、阴阳律历、释道经卷，无所不读，以文学著称乡里；开发岑水场矿产（今大宝山矿场），促进各地矿业发展；在任清廉自重，“不载南海一物”，名重朝野。

2002 年，余靖墓被广东省人民政府公布为广东省文物保护单位。

6. 云龙寺塔　（唐）

位于韶关市仁化县董塘镇安岗村后山坡上。据明正德十四年（1519 年）《重建西山寺碑记》载：“宝塔巍峨，上载乾宁之号；断碑始迹，中书光化之年。”其建筑四周残留着大量的唐代莲花瓣瓦当，由此可知此塔建于晚唐乾宁与光化年间（894—901年）。原名为仰山禅师塔，明代重修。距塔200米处原有一寺庙，原名西山寺，清代更名为云龙寺（寺庙今已不存），塔也因之更名为云龙寺塔，沿用至今。云龙寺塔平面呈四方形，为五层仿楼阁式砖构实心塔，四角攒尖顶，塔刹残缺。经重修后，底层塔身边长2米，高10.34米。塔身各层每面辟有壶门，门排列在同一直线上，均设平座佛龛。四面用仿木构筑法，用砖隐砌出倚柱、门拱、阑额、普柏枋、檐枋、假门、栏杆、平座等。塔砖为灰红色，粘接材料使用膏泥而不用石灰。云龙寺塔外形古朴，造型独特，具有典型唐代四方塔之风格，是研究广东早期古塔建筑形式的珍贵实物，是珍贵的历史文化遗产和风景旅游资源。1985年起，云龙寺塔由仁化县博物馆负责管理。1988年，云龙寺塔被国务院公布为全国重点文物保护单位。

云龙寺塔

7. 南粤雄关与古道　（唐）

位于韶关市南雄市与江西省交界处的梅岭之上，现存关楼和古驿道。横跨五岭之一大庾岭（又称梅岭），连接岭南珠江水系的北江、浈江和岭北长江水系的赣江，自开通以来，就成为中原地区和岭南地区最重要的交通要道，千年以来，古道上人员、物资和文化的交流络绎不绝。唐开元四年（716 年），祖籍岭南的张九龄回家，看到家乡父老翻越南岭山脉的艰辛，决心打通南岭，于是上书唐玄宗，建议凿山修路，得到允许。路建成后，宽 5 米，长约 8 千米。人们在道旁种植梅树，故大庾岭又称为梅岭，古道称为梅岭道。北宋嘉祐八年（1063 年），重修梅岭古道，并在岭上建立关楼。如今关楼北面门额“南粤雄关”和南面门额“岭南第一关”，为明万历年间（1573—1620 年）所书，关楼北侧石碑上“梅岭”二字，为清康熙年间（1662—1722 年）所书。南粤雄关历来是南北交通要道，也是历代兵家必争之地，史称南雄“居五岭之首，为“江（西）、广（东）之冲”“南北咽喉，京华屏障”，其地名也与此有关。2013 年，南粤雄关与古道被国务院公布为全国重点文物保护单位。

南粤雄关

8. 三影塔　（北宋）

位于韶关市南雄市雄州街道民主社区三影塔广场，又称延祥寺塔，始建于北宋大中祥符二年（1009 年），其影有三，因立三影堂，其影阴晴俱见于壁间，二影倒悬、一影朝上，故曰“三影塔”。明正统十一年（1446 年）曾重修。平面呈六角形，为九层楼阁式砖塔，通高 50.2

米。塔身南面第一层有“大中祥符二年三月十四日”铭文砖一块。塔身每层均伸出飞檐和栏杆，檐脊的末端则各蹲伏着一匹酱红色的陶制貔貅，寄以祛灾托福之意，各个翼角下有夔龙首老角梁头，飞檐的梁头上都悬挂着一个铃铎，全塔共有48个，风声乍起，叮当作响。塔刹由铁铸覆盆、宝瓶、九层相轮和铜铸宝珠组成，以六条铁索（风浪索）固定在檐脊上。塔内铺砌楼板16层，每层环置阶梯与各层平座相连，人们可逐层登塔，览阅远近风光。三影塔造型规整，秀丽挺拔，是广东省仅有的有绝对年份可考的北宋早期砖塔。1988年，三影塔被国务院公布为全国重点文物保护单位，1990年起由南雄市博物馆负责管理。

三影塔

9. 珠玑石塔 （元）

位于韶关市南雄市珠玑镇珠玑古巷，始建于宋末，后被战乱所毁，元至正十年（1350年）重建，为八角七层实心幢式石塔，用17块红砂岩石雕刻成形后垒叠而成，高3.36米。该塔在“珠玑古巷”牌楼北西侧，为元代实心石塔，叠于一口四方古井之上，相传为纪念南宋流落于珠玑巷的胡妃而建。基座为八角形，直径1.2米，高24厘米；第一层为莲花座，高59厘米，座上的八角柱体有四大天王像浮雕和刻有“南雄路同知孙朝列重立，元至正庚寅孟冬”等字；第二层至第四层均为莲花座，分别高38厘米、40厘米、40厘米，八角柱体遍刻浮雕佛像；第五层为莲花座，高30厘米，呈扁椭圆形，鼓形身刻人头像和莲花图；第六层为覆莲座，高40厘米，八角柱体刻佛像；第七层为莲花座鼓形身，高35厘米；第六、第七层呈圆柱形状；塔刹为葫芦形，高30厘米。整座石塔共刻有36尊罗汉浮雕，是广东为数不多、有绝对年份可考的石塔之一，1984年加建塔亭。1979年，珠玑石塔被广东省人民政府公布为广东省文物保护单位。

珠玑石塔

10. 南华寺 （明清）

位于韶关市曲江区马坝镇城东7千米处，建筑面积近1.5万平方米。原为四合院式布局，始建于南北朝梁天监元年（502年），天监三年（504年）建成，御赐额“宝林寺”。唐仪凤二年（677年），六祖惠能来寺弘法，使南华寺享有“禅宗祖庭”之称，成为禅宗的道场。神龙元年（705年），敕改为“中兴寺”，神龙三年（707年）又改为“法泉寺”。宋初寺半毁于火灾，北宋开宝元年（968年）复修，并敕赐“南华禅寺”，其名沿用至今。明万历二十八年（1600年），憨山德清和尚来山治理，大力中兴八年，期间寺庙逐步改观。清康熙七年（1668年），平南王尚可喜重修全寺，寺略具规模。1933年重修时，结合山形地势形成了阶梯状中轴方式，现寺内建筑多为民国时期所建，结构严密，主次分明。南华寺坐北朝南，大雄宝殿高16.7米，宽七间（34.2米），进深七间（28.5米）。灵照塔高29.6米，底径11米，初建时为木塔，唐宪宗赐额曰“元和灵照之塔”。寺多次遭焚毁后又重建，至明成化年间（1465—1487年）始改为砖塔，为南华寺最古、最高的建筑。寺内其他文物有唐代的禅宗六祖慧能和尚真身、北宋庆历五年至八年（1045—1048年）的木雕罗汉像360尊，以及龙朔元年（661年）武则天所赐的寺藏千佛袈裟、唐武则天圣旨等。南华寺是一座具有1500多年历史的古建筑、佛教禅宗六祖惠能弘扬禅法的发源地、中国著名的佛教寺庙之一，闻名于岭南乃至东南亚一带，享有“岭南禅林之冠”和“祖庭”之称。1978年成立南华寺管理处。2001年，南华寺被国务院公布为全国重点文物保护单位。

南华寺大雄宝殿

11. 满堂围　（清）

位于韶关市始兴县隘子镇大围村，建于清道光十三年（1833年），竣工于咸丰十年（1860年），内有大小祠堂、议事厅、民居、粮仓等，是一座长方形围楼，由三个单元——上围、中围、下围组成，形成一个整体，互相呼应。围楼中有栽花种树的大院4个，祠堂6个，议事厅17个，天井16个，水井4口，寝室、厨房、储粮间、杂物间、牲畜栏舍等大小房间777间。墙体上布满了各种瞭望孔、射击孔。中间围楼高

16.9 米，另两座稍矮的围楼拱卫其前后，气势非凡，蔚为壮观。门顶建有储水池，若外人火烧围门，可用水来救火。若遇盗贼侵扰，大门一关，便成一座固若金汤的城堡。走廊和庭院的地面用河石铺砌成花朵和各种图案，显得典雅别致。整座建筑气势磅礴，庄严雄伟；结构严谨、牢固结实；规模宏大，造型优美；设计独特，布局合理，历经百年的风雨侵蚀和期间的地震撼动，至今安然无恙。满堂围是广东最大的一处客家围楼，是研究客家民俗风情、近代建筑源流和发展变化的宝贵实物，是民居建筑“方围”系列的杰出代表，久负“岭南第一围”盛名。1996 年，满堂围被国务院公布为全国重点文物保护单位，2004 年成立满堂围文物管理所。

满堂围

12. 长围村围屋 （清）

又称燎原长围，位于韶关市始兴县罗坝镇燎原长围村。是长方形结构的客家围屋，建于清咸丰五年（1855 年），占地面积 3265.6 平方米。坐北向南，河石瓦木构筑。由围楼、祖堂和民居组成，一围三排屋，采用了青砖砌筑，其结构是坚固的围聚向内式。围内中间天井，二层四周出靠栏，中间祖堂，三厅二井。两侧民居，二厅四房组合，地面铺薄青砖。面阔 52 米，进深 92.2 米，楼分四层，高 15 米，有木梯可登楼。围墙牢固结实，底层外墙厚 1 米。内外都有天井，围内地面东边挖了一口水井，井水能供围内近百人饮用。因为围楼内中间有天井，所以气流畅通、光线充足、冬暖夏凉。围楼前还有 3 栋屋，两边也可以居住。长围村围屋保存完好，是典型的客家围楼，对研究清代客家民居建筑有重要价值，2013 年被国务院公布为全国重点文物保护单位。

13. 双峰寨 （清）

位于韶关市仁化县城西石塘镇石塘村，距广东著名的丹霞山仅 23 千米，清光绪二十五年（1899 年）动工，至宣统二年（1910 年）告竣，已有 100 多年历史。连护城河在内，总占地面积为 11300 平方米。南北长 73 米，东西宽 70 米，包括 1 栋主楼和 4 个炮楼，建筑面积 4664 平方米，占地面积 9486.6 平方米。原名石塘寨，后取寨门前门楣横匾“双峰保障”之意，改称“双峰寨”。外形呈长方形，由石灰及青砖砌成，是少有的巨型寨堡。进寨门必须先经护城河，河宽 13.7 米，水深 1.5 米，护城河面积为 4878 平方米。河上有吊桥，吊桥分两段，过了吊桥城堡又被两重寨门深锁，第一重两扇大门用樟木制成，厚 15 厘米，第二重门与大门结构相同，门顶有“保安门”三个大字。1927 年，“四一二”事变后，国民党反动派对共产党人实行血腥镇压，南昌起义失败后朱德率余部到达仁化董塘，当晚组织农民暴动，逮捕土豪劣绅 33 人，并把从土豪缴获的枪支弹药送给农会，加强了农民自卫军的力量。1928 年 1 月 6 日，朱德率部向乐昌县进军，反动武装疯狂地向农会报复，在中共仁化县委的领导下，石塘农会把几十万千克的粮食、煤炭运进堡内，依靠着堡内的 3 口水井，准备与敌人进行持久斗争。1928 年 3 月中旬，国民党第七师以两个团的兵力包围双峰寨，寨内 700 多名军民在农民自卫军的指挥下，开展了震撼粤北的双峰寨保卫战，先后粉碎了敌人的炮攻、火攻、挖地道进攻等。11 月，敌人三次出动飞机侦察轰炸，切断寨内水源。守寨军民不屈不挠，11 月 12 日分三路秘密突围。战斗坚持了 9 个多月，寨内牺牲了 400 多人，其中有 20 多户全家捐躯，表现了视死如归的革命英雄气概，被当时的中共广东省委誉为“广东农民暴动中最伟大的战斗”。大革命时期，中国共产党领导的石塘乡农会曾在这里办公，1949 年前已崩塌，中华人民共和国成立后重修，是爱国主义教育基地。2006 年，双峰寨被国务院公布为全国重点文物保护单位。

双峰寨

14. 丹霞山摩崖石刻 （宋至民国）

丹霞山是广东四大名山，位于韶关市境内，面积 290 平方千米，由 680 多座顶平、身陡、麓缓的红色砂砾岩石构成，“色如渥丹，灿若明霞”，故名。丹霞山风景名胜区是广东省面积最大、以丹霞地貌景观为主的风景区。1988 年以来，丹霞山分别被评为国家风景名胜区、国家级自然保护区、国家 AAAAA 级旅游景区、国家地质公园、世界地质公园，是发育最典型、类型最齐全、造型最丰富、景色最优美的丹霞地貌集中分布区。2009 年 4 月 14 日广东省人民政府通过《广东省丹霞山保护管理规定》，2010 年 8 月 1 日，联合国世界遗产委员会通过广东丹霞山等地为我国 14 处世界自然遗产之一。其壮观的红色悬崖以及一系列侵蚀地貌，包括雄伟的天然岩柱、岩塔、沟壑、峡谷和瀑布等，对保护包括约 400 种稀有或受威胁物种在内的亚热带常绿阔叶林和许多动植物起到了重要作用。丹霞山长老峰的摩崖石刻，共有 111 处，其中宋刻 8 处、元刻 9 处，包含了当时社会历史的丰富信息，历代文人墨客在这里留下了许多传奇故事、诗词和石刻题记、题名；其中刻于清康熙年间（1662—1722 年）的“丹霞”二字，通高 2.7 米，宽 2 米，所占面积近 20 平方米，有极高的文化艺术及历史研究价值。2013 年，丹霞山摩崖石刻被国务院公布为全国重点文物保护单位。

丹霞山摩崖石刻

15. 中共广东省委、中共粤北省委机关旧址　（1938—1942年）

位于韶关市浈江区五里亭、始兴县沈所镇八一村和南雄市瑶坑村，在中共中央南方局、中共南方工作委员会的先后领导下，这些地方当时成为广东人民抗日斗争的指挥中枢。是广东省目前发现尚存的中华人民共和国成立前的中共广东省委旧址，是党领导广东人民革命斗争的历史见证，意义重大。当年的中共广东省委机关以办学校、经商等工作为掩护，隐蔽在粤北地区开展抗日战争，并与国民党反动派发动的反共高潮做斗争。八一村和瑶坑村的人民群众热心帮助党组织，并为掩护共产党员做出了重大牺牲。八一村的奠安围是当时中共广东省委、中共粤北省委机关办公和工作人员居住的场所，这座客家方形围楼原高5层，每层面积1008平方米，围楼内部的木结构、楼板、隔扇等全部被侵华日军烧毁，只剩下一圈残垣断壁。在瑶坑村，历史亲历者痛诉侵华日军为清剿党员而每天屠杀十余村民的暴行。抗战期间，党员干部和人民群众结下了深厚情谊。时至今日，当地人民群众仍然自发地保护这些珍贵的红色旧址和革命文物。2010 年中共广东省委、中共粤北省委机关旧址（含韶关市五里亭中共粤北省委旧址、南雄市瑶坑村中共广东省委旧址、始兴县沈所红围中共广东省委旧址）被广东省人民政府公布为广东省文物保护单位。

中共广东省委、中共粤北省委机关旧址

16. 仁化石塘镇石塘村

位于韶关市仁化县石塘镇西北部。明代属仁化县石塘都，民国时期先后属仁化县董塘区、第三区、董塘乡。村内明清古建筑现存 133 座，多为徽派建筑，其中贻德堂建于清咸丰年间（1851—1861 年），塑二十四孝图、二十四孝字，占地面积约 120 平方米，天井、藻井、照壁保存完好。村内现存宗祠 9 座。李氏八世祖可求于明洪武元年（1368 年）从福建上杭胜运里丰朗乡移居于石塘村。石塘村在咸丰十年（1860 年）前已是规模宏大的千家村，村中的三角街是当时商业最繁华的一条街。南面为闻名国内的双峰寨（石塘寨），光绪二十五年（1899 年）始建，竣工于清宣统二年（1910 年）。东面是文昌街（墟），曾经是个大集市，邻近的曲江、乐昌、董塘等地农民都来此赴墟。文昌街附近有戏台，每逢节日、喜事打醮，都会请戏班子前来唱戏助兴。石塘村共有各级文物保护单位 3 处，其中双峰寨为全国重点文物保护单位，水口塔、大革命烈士纪念碑为仁化县文物保护单位。

仁化石塘镇石塘村

17. 始兴城南镇周前村

位于韶关市始兴县城南镇东南，始建于清乾隆三十六年（1771 年），古时原为周所古墟，以船形布局，寓意如大船般乘风破浪，顺风顺水。整个古墟拥有历史传统建筑面积 1.2 万平方米，经修缮、还原后，形成了由古塔、古戏台、古围村、古骑楼、古店铺、古民居、古巷道等组成的独特客家古建筑风格，房前屋后装饰的古典盆景，村内古树枝丫伸展，历经沧桑的清朝建筑经过工匠的修复得以还原，在无声之中传递着古村文化的独特神韵。近年来，始兴县将古村落修缮工作与乡村振兴相结合，拆除清理古村落周边危旧房屋 51 间，面积 2000 多平方米，依托传统古村落内涵，深入挖掘历史文化，通过实施古村落修复工程，突出地方特色，注重历史文化传承发展，培育发展具有浓厚乡土气息的古村落文化旅游产业。

始兴城南镇周前村

18. 乳源大桥镇大桥村

位于韶关市乳源瑶族自治县大桥镇北面偏西处，建于明宣德元年（1426 年）。林木蓊郁的大桥村，四周被雄峻的五指山包围，西北部曾有“下雨水汪汪，停雨水跑光，七分石三分土，吃用水贵如油”之说，西京古道在这里纵贯。村子依河西畔自东北向西南坦然延伸，由观澜书院、通济桥、许氏宗祠、围楼、码头、民居等构成庞大的古建筑群落。观澜书院与步蟾书院（观澜书院西面）、石溪书院（今大桥小学址）鼎足并存。观澜书院坐东北朝西南，因可观河流波澜起伏，故名“观澜”。观澜书院高度重视育人环境，厚树恩德，人文蔚兴，持家树风，是西京古道上的最高学府，有鲜明的客家建筑风格，2012 年被广东省人民政府公布为广东省文物保护单位。“披云”门楼东北角为闻名遐迩的通济桥，俗称“大桥”，明正德七年（1512 年）建，清乾隆二十九年（1764 年）重建，高 8 米，长 53 米，宽 6 米，拱跨 12 米，气势雄迈，蔚为壮观，为乳源瑶族自治县文物保护单位。年岁久远的大桥村，民风敦厚，祥和乐居，村民在固守恬淡生活的同时，也润物无声地迈进新时代。村中主要民俗有：农历八月十二的舜帝诞辰，农历二月十九、六月十九和九月十九的南岭观音诞。

乳源瑶族自治县大桥镇大桥村观澜书院

（二）万绿槎城——河源

河源，别称“槎城”，是东江流域客家人的聚居中心，有着“客家古邑，万绿河源”的美称。上古属扬州南境，战国属楚，秦丁龙川置县。南朝齐永明元年（483 年），龙川析地置河源县，属南海郡。1988 年 1 月 7 日，国务院批准撤销河源县，设立河源市。“百越”时期，来自江浙一带的越民散居于少数民族之中，对开化粤地起了重要作用。秦平百越后，迁陕陇之民居粤，带来了黄河文化。此后，凡遇中原战乱，都有一批批移民进入岭南。这些南迁之民与当地土著民族相互同化，逐步形成了客家文明。河源最早的客家先民可追溯到秦朝，秦始皇三十三年（前 214 年），秦始皇平定南越后，为进一步开发岭南，派屠睢、任嚣、赵佗带 50 万兵卒驻守，还下令将数十万名“罪人”发配岭南。赵佗先为龙川县令，后为南越王。龙川的赵、韦、官、任四姓居民就是第一批进入龙川与当地土著居民杂居的中原人。

客家人大规模迁徙河源地区的时间，要推至客家人第三次大迁徙时期，即南宋至明代年间（1127—1644 年）。龙川佗城为广东省历史文化名城。河源现有全国重点文物保护单位 4 处、广东省文物保护单位 36 处。主要名胜古迹有古建筑、近现代重要史迹及代表性建筑，如反映赵佗史迹的越王井与南越王庙，反映孔子史迹和科举的龙川学宫、龙川考棚，反映东江纵队抗日战争重大事件的龙川香港文化名人大营救指挥部旧址等。传统村落以和平林寨镇林寨古村为代表，其中有许多广东省文物保护单位。

1. 正相塔（老塔）（唐、宋）

位于河源市龙川县佗城镇西南 1 千米的小山上，俗称“老塔”。因塔下古寺称“正相寺”，故以寺名塔。清康熙五十三年（1714 年），有坠砖印“开元三年”四个字，故又名“开元塔”。相传有万游仙见此地山清水秀，宜建浮屠，便使“仙法”喝令山神、土地一夜间成塔，遂又曰“仙塔”。塔身为砖结构，楼阁式，平面六角形，七层，高32.2米。从塔的整个造型来看，具有唐、宋古塔的建筑风格。塔基坐北朝南，塔身半腰以搛柱分隔成双抄斗拱，拱上为方形砖雕，飞檐用牙砖叠涩出檐。二层以上作假平座，每层对应辟门，逐层收敛，塔内有阶梯可达顶层，可鸟瞰佗城、远眺大江。全塔红、白相间，古香古色，古朴典雅，柱梁镂凤雕龙。1978年，正相塔（老塔）被广东省人民政府公布为广东省文物保护单位。

正相塔（老塔）

2. 龟峰塔 （宋）

位于河源市东江边的龟峰山上。传说神仙在新丰江与东江汇合的地方放了一只大水龟，让它变成一个山包，然后建一座塔以镇水妖，故此山称龟峰山，塔名龟峰塔。塔建于南宋绍兴二年（1132年），是纪年可考的南宋早期楼阁式砖塔，历来被列为“河源八景”之首，享有“东江第一塔”美誉。塔身平面为六角形，第一层外边长4.8米，内边长1.6米，墙体厚3.3米，通高42.6米。正门向东，外观为七层，内为十四层，一明一暗，有如竹子，节节上升，层层收分。各层设有杉木楼板加铺方砖，其中暗层有穿墙上下2个门，4个佛龛。外边平座栏杆，沿阶梯盘旋而上，可达顶层。每层六角均有角柱，为典型宋代仿木楼阁式砖塔。每层塔檐施瓦当滴水，角梁下悬挂铜钟。2006年，龟峰塔被国务院公布为全国重点文物保护单位。

龟峰塔

3. 越王井与南越王庙 （明、清）

越王井位于河源市龙川县佗城镇中山街光孝寺内，是秦县令赵佗故居的汲水井，后赵佗为南越王，故名“越王井”，又名“万寿宫井”。唐乾符五年（878年）重修，历代也多次修葺。砖石结构，深40米，有一直径0.6米的圆形井口，高出地面0.7米，六角形的井台，以四块石板平铺而成，井膛用三层红色方石叠砌，叠石下用青砖铺至底，中部直径约2.5米。结构结实美观，是岭南名古砖井之一。清代中叶以后，井膛淤塞，但保存完好。井边立有明代《越井记》碑刻。南越王庙为奉祀赵佗而建，分别于清康熙六十一年（1722年）和乾隆四十五年（1780年）重修和改建，主体建筑是清代重修的，庙门上端的“南越王庙”阴文楷书石额仍然完好。庙内原有明崇祯八年（1635年）所立碑，现已毁，无法查考。庙为二进院落四合院式布局，面积352平方米，面阔三间12米，进深24米，砖木结构，硬山顶，后殿右侧墙上镶有重修南越王庙碑记。2015年，越王井与南越王庙被广东省人民政府公布为广东省文物保护单位。

越王井与南越王庙

4. 龙川考棚 （清）

位于河源市龙川县佗城镇西门，建于清光绪二年（1876 年），是广东省仅存的唯一科考场所。考棚，即贡院，也就是科举考试的地方，一般重要州府才设置。龙川考棚为二进院落四合院式布局，砖木梁架结构，占地面积约 6000 平方米，现仅存考场 2 栋、办公场所及宅舍各 1 栋，已有 140 多年历史。在全国可查考的 204 座学官和 14 处考棚中，目前只有河北定州、广东龙川、云南建水、安徽绩溪、台湾台北等地还有学官和考棚并存。自建了龙川考棚后，龙川每年的科考乡试均在此举行，场面热闹非凡。当时河源、和平、连平、紫金、兴宁、五华等县的不少文人都到此赴考。门前本来有一块“鲤鱼跃龙门”的石刻，由红麻石刻成，石刻背面是一只蹲着的麒麟，现藏于龙川县佗城文化名城办公室。龙川考棚是粤东北地区现存较完好的一个科考场所，为研究明清时的科举制度提供了丰富的实物材料，2015 年被广东省人民政府公布为广东省文物保护单位。

龙川考棚

5. 香港文化名人大营救指挥部旧址　（1942年）

位于河源市龙川县老隆镇华新路 39 号，原为福建会馆，始建于清同治年间（1862—1874 年），坐东南向西北，土木石结构，为三进五开间院落式建筑，主要由头门、前天井、中堂、后天井、后堂组成，建筑面积 570 平方米，占地面积约 700 平方米。1941 年底日军攻陷香港，周恩来指示八路军驻香港办事处负责人廖承志、连贯等人组织营救滞留香港的大批民主和文化界进步人士。1942 年 1 月，大营救行动正式拉开序幕，撤离路线主要分水路和陆路，陆路以老隆镇为中转站，指挥部设在福建会馆。从 1942 年春节后到当年 9 月底，历时半年多，被困在香港的 300 余人全部安全撤离到后方，其中包括何香凝、茅盾、邹韬奋、夏衍、柳亚子、胡绳、廖沫沙、蔡楚生等著名文化界进步人士和知名爱国民主人士。香港文化名人大营救保护了我国一大批文化界精英，进一步密切了中国共产党同知识分子和爱国民主人士的关系，促进了抗日民族统一战线的发展和巩固。香港文化名人大营救指挥部旧址见证了这一光辉历程，具有重要历史价值，2019 年被国务院公布为全国重点文物保护单位。

香港文化名人大营救指挥部旧址

6. 和平林寨镇林寨古村　（秦）

位于河源市和平县林寨镇兴井村境内，以中国最大的四角楼建筑群而闻名。林寨镇建置于秦朝，秦末大乱，汉朝刘邦派大军南下前，南越王赵佗为了防御来犯之敌，派林可将军到当地筑寨守关，后来官府便用他的姓将此地命名为林寨。清代至民国期间，村中富裕人家建造了一座座高大的房屋，村中也形成颇具规模的古民居群。现保存较完好的古民居有 24 座，其中建于清代 20 座、建于民国时期 4 座，总占地面积 3 万平方米，为典型客家风格的方围屋，每座占地面积 1000 ~ 3000 平方米，四角置碉楼，高 8 ~ 10 米，主体建筑为三进院落厅堂式布局。规模较大，现保存较完整的大型四角楼宅第有谦光楼、颍川旧家、司马第、大夫第、广文第、当铺、福谦楼等，林寨建筑群（包括大夫第、司马第、当铺、颍川旧家、广文第、谦光楼）于 2015 年被广东省人民政府公布为广东省文物保护单位，2019 年福谦楼被广东省人民政府公布为广东省文物保护单位。林寨古村是中国聚落客商主题文化旅游目的地，形成集客商文化、历史文化、民俗风情、文化休闲、风景观光、度假休闲于一身的旅游度假区。

和平林寨镇林寨古村

7. 龙川丰稔镇黄岭村 （明）

位于河源市龙川县丰稔镇西部，始建于明朝，兴盛于清末和民国初年。总面积 14.7 平方千米，人口 5000 多人，是丰稔镇内人口最多、耕地面积最大的行政村。明清时属宁仁都，清嘉庆年间（1796—1820 年）废都实行保甲制，划为丰稔堡、黄岭堡、杨梅塘堡。1928 年属龙川第五区。黄岭村至今保存着许多文物古迹，现存 100 多座古民居，另有祠堂、碉楼、古桥和古榕树等。素来崇文重教，有“黄岭好水口，秀才多过狗”之俚称；历史文化积淀深厚，主要留存有黄岭碉楼、叶铭熙故居等 24 处河源市、龙川县文物保护单位。黄岭碉楼又名水谦楼，是出名的“炮楼”，建于清代，坐北向南，独立院式布局，总面宽21米，总深20米，建筑占地面积420平方米，五层楼，总高14米，楼内共有72间房，外墙灰沙夯墙，厚0.5米，第二层以上有许多瞭望窗和射击孔，内墙为灰沙夯墙基，土砖墙体，灰瓦屋面，主要用于防匪、避难。叶铭熙故居建于清代，坐西北向东南，客家方形屋，三进二横，左横屋前后部和右横屋后部均有三层角楼，总占地面积约3000平方米，总面宽41米，总进深33米，建筑占地面积1353平方米，计有九厅、六天井、三十八房间。该屋工艺水平较高，具有典型的客家四方围屋建筑风格，对研究粤北地区客家建筑历史具有很高的价值。

龙川丰稔镇黄岭村

（三）客家人聚居地——梅州

梅州是客家人比较集中的聚居地之一，被誉为“世界客都”，古代属海阳县，南齐永明元年（483年）析海阳县设程乡县，隋唐属潮州。南汉乾和三年（945年），程乡升为敬州，领程乡县。这是梅州州治设立的起始。北宋开宝四年（971年），因避宋太祖祖父赵敬之讳，改“敬州”为“梅州”，“梅州”之名始于此。梅州的文化是典型的客家文化，境内有很多古朴的客家民居，包括围龙屋、走马楼、五凤楼、土围楼、四角楼等，其中以围龙屋最有特色和最为著名，具有丰富的客家文物、浓郁的客家民间艺术和民俗风情。2013年10月13日，由联合国教科文组织设立，中国国内唯一的移民纪念项目——中国（梅州）移民纪念广场在梅州市梅县区松口镇正式落成，同时，世界客侨移民展览馆也随即开馆。梅州为第三批国家历史文化名城，现有全国重点文物保护单位11处、广东省文物保护单位103处。主要名胜古迹有古遗址、古建筑、近现代重要史迹及代表性建筑。如反映赵佗史迹的狮雄山“长乐台”遗址，反映客家民居的大埔花萼楼、肇庆堂，反映近代史迹的丘逢甲故居、黄遵宪的人境庐和荣禄第、谢晋元故居，反映孙中山、叶剑英史迹的三河中山纪念堂、叶剑英故居等。传统村落的代表有梅县南口镇侨乡村。

1. 狮雄山遗址 （秦、汉）

位于梅州市五华县华城镇东南3000米塔岗村狮雄山，是秦汉南越国时期的一处大型建筑基址，总面积约22万平方米，可分为衙署区、作坊区和一般居住区，城外有墓葬区。遗迹主要分布于狮雄山南岗经人工修整的四级台地上，被环绕壕沟划分为南、北两个区域。壕沟将人工壕沟与天然河道有机联系起来，构成了一个规模宏大的防御系统。考古人员在遗址内发现建筑基址、排水沟、陶窑、水井、灰坑、灰沟等大量遗迹。出土大量建筑材料、陶器、石器、铁器和植物遗存，特别是出土的68枚钤印封泥，有“定楬之印”“定楬丞印”“蕃”等字样，是秦汉南越国时期在五华山所设“定楬道”之治所和赵佗所筑“长乐台（行宫）”的实物见证，是研究南越国历史的重要资料，对揭示秦汉王朝与南越国社会的政治、经济、文化、军事关系，以及研究岭南地区多元文化的碰撞融合均有重要价值。2019年，狮雄山遗址被国务院公布为全国重点文物保护单位。

狮雄山遗址

2. 父子进士牌坊 （明）

又称“丝纶世美”牌坊，位于梅州市大埔县茶阳镇大埔中学校门口，建于明万历三十八年（1610年），占地面积约55平方米，是明朝政府为表彰当地饶相、饶舆龄父子同中进士而建的纪念性建筑。牌坊中间有一横匾，正反面分别雕刻“父子进士”“丝纶世美”，亭盖、横匾石梁饰以“双龙腾云”“双龙戏珠”“双龙衔花”等图案；两侧小门顶端饰以“双狮滚球”“花鸟动物”图案；石梁顶端镶有麒麟石雕匾。牌坊为花岗石预制件叠架而成，高12.5米，宽4.65米，共为三层檐顶，有12条梁柱。石质坚硬，建筑构造上不用钉、铆，全部依靠石与石之间的巧妙接合，4根正柱、8根附柱并列4排，支撑石梁、石匾、顶盖，形成中间大门、两侧对称小门的布局。坊顶亭盖为仿木古雕凿件。父子进士牌坊结构严谨精致、造型美观大方、雕刻工艺精湛。具有浓厚的民族风格，是不可多得的石雕艺术精品，对研究客家的历史渊源、建筑艺术、民风民情的形成与发展有重要的作用。2013年，父子进士牌坊被国务院公布为全国重点文物保护单位。

父子进士牌坊

3. 花萼楼 （明）

位于梅州市大埔县大东镇联丰大埖田村，明万历三十六年（1608年）由林氏开基祖建，为夯土版筑客家圆形围楼，坐西北向东南，占地面积2289平方米，建筑面积3525平方米，属土木结构的环形建筑，楼高三层11.9米。内外3环连为一体，内环为1层30个房间，二环为2层60间，外环为3层120间，共有房间210间。围楼大门上置“花萼楼”楷书石匾，一楼中厅设观音殿，楼内天井中央有1口饮水井，相连的排水沟呈“9”字形。平面划分为30个单元，除大门外，每单元设楼梯可上至三层。三楼设圆形回廊，户户可联通。为加强防御，外墙基用大块石垒砌而成，底部厚1.5米，上部为夯土墙，厚1.3米，第一、第二层不设窗，第三层开窗，第二、第三层开设枪眼作防卫。花萼楼为聚式群居建筑，是客家地区规模较大、保存较完整的土围楼，系统地体现了客家人建造房屋的选址特色及聚族而居的民俗，是研究客家人社会文化发展与聚落形态演变的真实历史遗存。其设计精巧、结构独特，展示了客家人团结、平均、平等的生活理念，是目前广东土围楼中规模最大、设计最精美、保存最完整的民居古建筑，是世界民居建筑的一大奇观。2019年，花萼楼被国务院公布为全国重点文物保护单位。

花萼楼

4. 灵光寺 （明、清）

位于梅州市梅县区雁洋镇境内的阴那山麓，创始人为高僧潘了拳，唐咸通二年（861 年）潘圆寂后，始由村人建立寺院，初名“圣寿寺”，明洪武十八年（1385 年）扩建，更名为“灵光寺”，正门石匾上刻有“灵光寺”三字。寺庙依山建筑，面积 10000 多平方米，坐东向西，称有“三绝”。其一绝，寺前草坪有两棵柏树一生一死，生者高 30 多米，枝繁叶茂，傲然挺立；死者高度相当，干大枝壮，枯死而不腐不朽，两棵柏树被称为“生死柏”，据说是由创始人所植。其二绝，寺里最壮观的主殿大雄宝殿，经常香火鼎盛，但不管任何情况下，都没有香烟熏人，传说是因为殿顶的藻井发挥了作用。其三绝，大雄宝殿后面山上绿树繁荫，但大殿屋顶上却没有一片树叶。山门即天王殿，东为佛殿，佛殿后是护坡。山门南北有钟楼——太史馆、鼓楼——半日闲等建筑围合，佛殿南北有罗汉宝殿和观音殿（诸天殿），殿与殿之间设有天井，并有走廊相通。佛殿基座石是明代的遗存，转角的竹节造型很美观。灵光寺布局对称，结构合理，有地域特色，1978 年被广东省人民政府公布为广东省文物保护单位。

灵光寺

5. 泰安楼 （清）

又称“石方楼”，位于大埔县湖寮镇龙岗大兴路石楼村，建于清乾隆二十八年（1763年）。该楼坐东北向西南，总占地面积为7235平方米，包括围楼、东西两侧附属建筑、门坪及月池。围楼平面近似四方形，为砖石木结构，总面宽52.9米，总进深53.2米，建筑面积4913平方米，占地面积2577平方米。楼内中轴线建筑为平房，三层楼房把主体平房环抱在中间，形成屋外有楼、楼中有屋的格局。是中国少见的石方楼，外围楼3层，高11米。第一层主要是会客厅、餐厅，第二层用于居住，第三层用于居住和堆放生活用品，楼内四角设有楼梯，第一至第三层对内有连廊，第三层还专设有外环形防卫走廊。中部双堂是祭祀、议事场所，两侧横屋为厨房。围楼的第一、第二层外墙全部用大鹅卵石砌筑，第三层用青砖砌筑，具有较强的防御性特征。大门外有宽敞的门坪及花台，门坪前设石砌围墙，外有月池。围楼外左右两侧是书斋，又称“杠楼”，也是石砌外墙，书斋布局较为灵活。泰安楼建筑布局合理，功能齐全，风格独特，文化内涵丰富，对研究当地人文历史和营建技术具有较高的价值。2019年，泰安楼被国务院公布为全国重点文物保护单位。

泰安楼

6. 光禄第 （清）

位于梅州市大埔县西河镇车龙村，由“中国葡萄酒之父”张弼士建于清光绪三十四年（1908 年）。建筑坐南向北，背依漳溪河，面朝车龙岗，采用三进四横一后围一斗方一外门楼的布局。总面宽 62.6 米，进深 54.6 米，占地面积 4336 平方米，建筑面积 4459 平方米。共有 18 个厅，13 个天井，99 个房间。三路院落，东西两路院落与中路院落之间设天井。中路两进院落，设祖堂，两侧院落建有内外横屋，内横屋为平房，外横屋为二层楼房，并与后围楼相连。屋正面有围墙，并在偏西处建门屋。大门正中书“光禄第”三字，为清代直隶总督李鸿章的翰墨。主体为砖木结构，各前檐多用石柱，木构架保留完整，除斗拱外，雀替、屏风、隔扇均用樟木，木架雕琢有鎏金麒麟凤凰、金狮滚球等飞鸟走兽及花卉，且施彩绘，保留有雕刻精美的屏风、槅扇门，屋面、瓦面做工精细，中厅、后厅砌镂空正脊，两头翘起作雀尾。大埔光禄第构思巧妙，具有较强的防御功能，体现了客家人建宅选址及建造技术特点，砖木石雕工艺精湛，是客家围龙屋建筑的典型代表。2019 年，光禄第被国务院公布为全国重点文物保护单位。

光禄第

7. 丘逢甲故居　（清）

名为“培远堂”，位于梅州市蕉岭县城北面 15 千米处的文福镇淡定村（今逢甲村），是一座典型的两堂客家围屋，是丘逢甲从台湾来到广东时建造的，建于清光绪二十二年（1896 年）秋，共计 55 间 2 堂，面积 1800 多平方米。故居坐西朝东，两堂四行，中轴对称，后面半圆形围屋与前面的5个门楼形成封闭整体的客家围屋。正门上方悬挂“培元堂”牌匾，两侧对联为丘逢甲自拟联：“培栽后进　远继先芬”。内堂悬挂清光绪皇帝钦授“进士”牌匾。屋内其余每个堂、室均有清代名人、书法家书写的堂名、楹联，蕴藏着丰富的民族文化内涵，极具历史价值和纪念意义。屋后有大荔枝树12株，传为丘逢甲所植。故居内陈列有丘逢甲任台湾义军大将军时在战斗中缴获的日本侵略军刺刀，还有其他一些文物、照片、手稿、文献，向人们展示抗日志士、爱国诗人、教育家丘逢甲光辉的一生。故居旁建有丘逢甲学校。2006年，丘逢甲故居被国务院公布为全国重点文物保护单位。

丘逢甲（1864—1912年），字仙根，梅州八贤之一、抗日保台志士。光绪二十一年（1895年）清朝廷与日本签订《马关条约》后，他电奏“万民誓不服倭”，率领台湾民众坚决抗日。

丘逢甲故居

8. 叶剑英故居　（近代）

位于梅州市梅县区雁洋镇东面的雁上村，建于清代，是一座极为普通的旧式砖瓦屋，门前墙壁上仅挂了一块白漆四方木牌，上面工工整整写着“叶剑英故居”几个黑字。两排共有8个房间，中间隔着一个狭长的小天井，互相对称，显得并不宽敞。叶剑英的卧室在上堂右侧，他在这度过了童年、少年时代，门边的小方桌是他少年时读书做功课使用过的小书桌。叶剑英的卧室陈设极其简单：一张书桌，一张凳子，一张木床，一床粗布印花被子，一顶黑麻布蚊帐，同普通老百姓的一模一样。2001 年，叶剑英故居被国务院公布为全国重点文物保护单位。

叶剑英（1897—1986 年），第五届全国人大常委会委员长，党和国家的卓越领导人之一，杰出的无产阶级革命家、政治家、军事家和久经考验的共产主义忠诚战士，一生对社会主义事业和共产主义理想矢志不渝，对党和人民无比忠诚。在各种严峻的考验面前，总是把党和人民的利益放在首位，坚决同一切危害党和人民利益的行为做斗争，表现出伟大的革命气魄和高超的斗争艺术，为实现伟大历史转折、推动党和国家进入改革开放和社会主义现代化建设新时期立下丰功伟绩。他所写的“矢志共产宏图业，为花欣作落泥红”的诗句，是他不懈奋斗光辉一生的真实写照。

叶剑英故居

9. 人境庐和荣禄第　（1881—1884年）

位于梅州市梅江区小溪唇江边路。人境庐建于清光绪十年（1884 年），荣禄第建于光绪七年（1881 年），由我国近代著名爱国诗人、外交家、思想家、政治家和教育家黄遵宪建造。人境庐是其书斋，坐东北向西南，建筑面积900多平方米，屋名取意于东晋大诗人陶渊明“结庐在人境，而无车马喧”的名句，门楣上有“人境庐”三字，是一座砖木结构园林式的建筑。庐中保留黄遵宪亲自撰写的对联——“有三分水、四分竹、添七分明月；从五步楼、十步阁、望百步长江”，十分形象地描绘了故居的环境。荣禄第是其故居，占地面积约680平方米，内有31个房间，保持四合院、堂横式结构组合之特色，是一座三堂两横式的传统客家民居建筑。荣禄第坐北向南，以南北、东西两条轴线构建成九厅七井。人境庐和荣禄第具有较高的历史、科学和独特的艺术价值，更有着深刻的文化内涵，2013年被国务院公布为全国重点文物保护单位。

黄遵宪（1848—1905年），字公度，号人境庐主人，广东嘉应（今梅县）人，出身于官僚家庭，官至署理湖南按察使。有近代“诗史”之称，被公认为晚清成就最大的诗人，现建有黄遵宪纪念馆。

人境庐和荣禄第

10. 谢晋元故居 （1905年）

位于梅州市蕉岭县新铺镇尖坑村，由谢晋元曾祖父在清咸丰年间（1851—1861年）建造，坐西向东，为沙灰瓦结构，三幢合面两门楼平房，占地面积1080平方米，建筑面积675平方米，两座大门分别命名为“儒林第”和“荆树居”。“儒林第”是一座三杠合面楼屋式的客家围屋，共有23间房屋，保留了一些曾经使用过的家具、农具等物品。1937年10月，谢晋元奉命率“八百壮士”（实际只有423人），进驻四行仓库阻击日军，掩护大部队后撤，与日军激战四昼夜，胜利完成任务后撤入英租界，成为“孤军营”。谢晋元坚决拒绝日军诱降，1941年4月24日被日军收买的叛军杀害，以身殉国，时年37岁。

谢晋元（1905—1941年），字中民，蕉岭县人，毕业于黄埔军校第四期，曾任国军团长，他遇害后，被国民政府追晋为陆军少将，上海各界举行了追悼大会，前往吊唁的民众达30多万。谢晋元鼓舞了人民的抗战热情，被誉为梅州蕉岭“抗日三英杰”之一、中国抗日英雄。

2013年，谢晋元故居被国务院公布为全国重点文物保护单位。

谢晋元故居

11. 大埔肇庆堂　（1917年）

位于梅州市大埔县百侯镇侯南村楼下，建于1917年，坐东向西，占地面积3280平方米，建筑面积1951平方米，为殿堂式三进院落四合院布局，硬山顶，穿斗与抬梁相结合，砖石木混合结构，由门屋、主体、欧式洋楼组成。上堂中间悬挂“肇庆堂”匾额，斗门门楣书“敬修衍庆”，屋内抬梁、斗拱、屏风严谨精密，并彩绘有山水、花鸟、人物，雕刻有龙、狮、虎等动物。大门屋脊及正堂屋脊雕塑有各种花鸟、瑞兽、鱼虾等图案。两层欧式洋楼坐北向南，总面宽 17.4 米，总进深 9.7 米，外墙灰塑浮雕丰富，动物、花鸟等图案精致。堂外设一大门坪，门坪外筑有高墙，左右对称分设二外门。堂后辟一半圆形后花台，后台筑有高墙。既传承了客家民居建筑风格，又融入西方建筑装饰元素，其石雕、泥雕、木雕和瓷雕工艺精湛，十分珍贵，具有重要的历史、艺术和科学价值。2019 年，大埔肇庆堂被国务院公布为全国重点文物保护单位。

大埔肇庆堂

12. 三河中山纪念堂 （1929年）

位于梅州市大埔县三河镇汇城村，坐西向东，背依凤翔山，面朝韩江，主体建筑为两层钢筋混凝土结构，占地面积 7900 多平方米，建筑面积 610 平方米。平面呈长方形，由胡汉民题写的“中山纪念堂”字样镶嵌在楼顶匾额上。堂中仍保留了孙中山生前真迹“博爱”二字匾额，正面为悬挑走廊与阳台，第一、第二层分别由 10 根水泥圆柱支撑，柱头装饰采用爱奥尼柱式。纪念堂内安放孙中山铜像，大门石牌坊原为明代兵部尚书翁万达墓道的石牌坊，1929年改为中山公园入口的牌坊。这是全国最早建成的中山纪念堂，是对孙中山1918年5月三河坝之行（敦促陈炯明征讨北洋军阀）的纪念，是研究早期中山纪念堂的形制与布局的重要实物材料，其建筑结构、材料及工艺是中国较早的钢筋混凝土建筑的实例，其内发现的石碑记录着修建中山纪念堂的来龙去脉，印证了建成年代。2019年，三河中山纪念堂被国务院公布为全国重点文物保护单位。

三河中山纪念堂

13. 梅县南口镇侨乡村

位于梅州市梅县区南口镇，地处鹿湖山下，有500多年历史，是著名的华侨之乡，生态风景秀丽，民风淳朴，除了遍地的油菜花，还有31座美轮美奂、建筑风格多样、各具特色的百年客家围屋。其中，拥有100多年历史的南华又庐是梅州客家地区最大、保存最完好的古民居之一，2002年被广东省人民政府公布为广东省文物保护单位。这里的围龙屋大体可分为三个建造时期，早期以明嘉靖年间（1522—1566年）的老祖屋为代表，如老祖屋、兰馨堂、品一公祠等，是客家大家庭聚居的大型集合式住宅；过渡时期以清中叶的上新屋为代表；后期以清末的南华又庐等华侨屋为代表。由于人多田少、谋生艰难，当地许多人漂洋过海到东南亚地区及欧美各国谋生，在外事业有成的华侨都遵循落叶归根的传统，回到家乡买田买地建大屋，建好的房屋大多称为某某庐，当地人称之为华侨屋。这些古围屋建筑风格各具特色，主要有杠横堂式、九厅十八井、杠式等。围屋的结构主要有：首先围屋前部分是由中央堂屋和横屋构成的矩形四合院，堂屋位于中轴线上，横屋面向堂屋并在堂屋两侧呈对称分布；其次是围屋后面半圆部分由院落和围屋组成，围屋两头与横屋后端相接；再者围屋门前是禾坪与水塘，方形禾坪用于平时晒谷和年节庆典时用于娱乐设宴场所，半圆形水塘则用于养鱼、洗涤、防火，也具有风水意义。侨乡村的建筑群是当年村中华侨辉煌创业的见证，是对客家建筑艺术和客家华侨文化的传承，蕴含着丰富的历史文化。

梅县南口镇侨乡村

14. 丰顺汤南镇龙上古寨

位于梅州市丰顺县汤南镇新铺园村。民国期间，汤南又称揭阳西门外上洋罗，后改辖丰顺县，是著名的华侨之乡。龙上古寨的围龙屋建筑，是一个龟形建筑，属于潮客相结合的建筑。始祖罗安，原籍福建莆田，当时任广东南雄府沙水镇巡检使，任职期满回梓，见沿途层峦叠翠、山川灵秀、民风淳朴，遂携眷属择得一处双溪汇合、三峰耸翠之地繁衍生息。此地就是龙上古寨，又称罗厝，建于南宋景炎年间（1276—1278 年），占地面积 1.6 万多平方米，规模宏大，地理位置优越，负阴抱阳，阴阳相济，世所罕见。坐西向东，四周围墙近似圆形，墙高 5.5 米，墙厚 0.5 米，围墙中间凸出八个堡垒式的柜，传说那是按八卦方位而建的八柜。寨内建有三街六巷十二祠堂七十二合院，最多的时候曾居住过 4000 多人。寨内的龙上古祠建于明嘉靖三十一年（1552 年），保存着明代建筑艺术特点。石刻门匾额“罗氏宗祠”四个镏金大字，由该村清康熙甲子科举人罗氏题书。龙上古寨历代科甲蝉联，“一门三进士，两协一天官”的美誉流传至今。

丰顺汤南镇龙上古寨

15. 平远泗水镇梅畲村

位于梅州市平远县泗水镇政府东南 7 千米处。近年来，村中实施文化传承工程，重修达奎祠堂，统一采用百子瓦、白砖墙对民居进行修复，修复后的民居白墙灰瓦、围龙屋结构依旧。注重梅畲古村落“崇文重教”的乡村文化传承保护与转化发展，保留古村落的乡愁美景，将文化资源活化利用为村史馆和新时代文明实践站。同时，对主体完好的古驿道进行维护、修缮，用未经雕琢的石头砌结古道。梅畲古道是古时从平远仁居老县城到蕉岭老县城的官道和千年盐粮贸易商道，全长约 23 千米，其中梅畲境内 15 千米，经此古道也通往其他比较远的地方，如潮州、汕头等。清朝从事贸易的人很多，古驿道上设有 4 个茶亭，其中望梅亭高约 3 米，用山石砌成，中间设一门洞，内可供十几人歇脚。在望梅亭的石碑上，刻着“嘉庆十一年（1806 年）建”的字样，碑文记载了望梅亭的历史。行走于梅畲古道，就不得不说其中的“长寿阶”，从伯公坳行走了 3000 米后，便是七十二阶。传说走过这个石阶的人都会长寿，因此又叫“长寿阶”。梅畲村赤竹坳公路边还生长着一株苍劲挺拔的观光木，树高 26 米，最大直径 1.21 米，冠幅面积 433 平方米，树龄在 500 年以上。

平远泗水镇梅畲村

（四）南海凤城——清远

清远，又称“凤城”，春秋战国时期地属百粤。秦统一中国后，设置行政机构，开发岭南，清远地属南海郡、长沙郡，汉初属南越国。高祖年间（前 206—前 195 年）先后置桂阳县（今连州一带）、阳山县、浈阳县和含洭县（浈阳、含洭今为英德市地），均属桂阳郡。西汉元鼎六年（前 111 年），置中宿县（原清远县一带），属南海郡，三国时隶属始兴郡。南朝梁天监年间（502—519 年）置清远郡，清远之名由此而始。语言有粤语（广府片—清远话）、客家话、瑶语、壮语四大语言。

连州、英德为广东省历史文化名城。清远现有全国重点文物保护单位 2 处、广东省文物保护单位 32 处。主要名胜古迹有古遗址、古建筑、石刻等。如反映古人类生活的青塘遗址、牛栏洞遗址，反映石刻艺术和苏东坡、韩愈史迹的南山摩崖石刻、贤令山摩崖石刻等。传统村落以反映瑶族生活的连南瑶族自治县三排镇南岗古排等为代表。

1. 青塘遗址 （旧石器时代）

位于清远市英德市青塘镇，被发现于 1959 年，包括黄门岩 1 号至 4 号洞、狮头岩、仙佛岩、吊珠岩及朱屋岩等多个洞穴地点。2016—2018 年对其中的黄门岩 1 号至 4 号洞进行发掘，发现有晚更新世晚期至全新世早期连续的地层堆积，清理出墓葬、火塘等重要遗迹，出土了古人类化石、打制石器、穿孔石器、局部磨光石器、陶器、蚌器、角骨器及动物骨骼化石等各类文物标本 1 万余件。青塘遗址被评为“2018 年度全国十大考古新发现”，是华南地区新旧石器过渡阶段最为典型的洞穴遗址，建立起距今 2.5 万—1 万年完整的地层与文化序列。遗址文化遗存从旧石器时代晚期延续至新石器时代早期，系统再现了中国南方从狩猎采集向早期农业社会过渡的历史进程。尤为难得的是在遗址中发现距今约 1.35 万年的墓葬，这是中国迄今发现年代最早的可确认葬式的墓葬，有助于探讨旧石器时代社会发展、宗教意识的萌芽等；发现了广东境内距今 1 万年以前保存最为完整的古人类化石，为研究华南现代人起源与扩散及体质演化增添了重要的新资料；发现了距今 2 万多年的穿孔蚌器，是华南地区年代最早的穿孔蚌器；发现了距今 1.7 万年的早期陶器，是广东迄今考古发现年代最早的陶器。青塘遗址清晰地显示晚更新世以来的气候变化，以及由此导致人类行为与活动的改变；在环境、技术、人类行为、聚落形态等方面提供的材料，对探讨现代人起源与扩散、东亚与东南亚史前文化交流、旧石器时代向新石器时代过渡、陶器的出现与发展，以及早期聚落形态研究等重大课题具有全局的意义。2019 年，青塘遗址被国务院公布为全国重点文物保护单位。

青塘遗址

2. 牛栏洞遗址 （旧石器时代、新石器时代）

位于清远市英德市云岭东南约 2 千米的狮子山南麓，是一个从旧石器时代晚期过渡到新石器时代早期的遗址。狮子山是一座石灰岩孤峰，相对高度约 100 米，南侧有一条宽约 25 米的古河道经过，向东南 2 千米处注入北江。洞内主要为廊道型发育，平面略呈曲尺形，洞口在东南端，方向 138° ，洞深 10 多米，洞内高 5 ~ 15 米，宽 2.5 ~ 5 米，总面积约 400 平方米。考古人员确认这是一处具有重要意义的距今 1 万年前后的史前时期洞穴文化遗存。出土文化遗物共计 1000 多件，其中绝大多数是经人类打制加工的石制品，部分为骨、牙、角、蚌制品和陶器。堆积物厚达 3 米多，其中发现的水稻硅质体，是迄今为止岭南地区最早的水稻遗存。发现了一些喜冷动物的骨骼，如大熊猫、水獭、云豹等动物的骨骼，还发现有喜冷植物的孢粉。这些动植物，不少在广东现已灭绝。遗址文化内涵可分为三期：第一期为旧石器时代晚期，仅见打制石器和骨器，动物群中有少量绝灭种，少见螺壳，碳十四测定动物骨骼标本的年龄为距今 12410—10780 年；第二期为中石器时代，打制石器多，器形较前略规整一些，出现穿孔石器，有骨器和蚌器，动物均属现生种，含大量螺壳，碳十四测定动物骨骼标本的年龄为距今 11220—9320 年，碳十四测定螺壳标本的年龄为距今 18105 年；第三期为新石器时代早期，仍以打制石器为多数，已出现磨刃石器，使用原始陶器、骨器和蚌器。第三期还可以分成前后两段：前段，碳十四测定动物骨骼标本的年龄为距今 8940—7910 年，碳十四测定螺壳标本的年龄为距今 17525—14560 年；后段，碳十四测定动物骨骼标本的年龄为距今 7460 年，碳十四测定螺壳标本的年龄则为距今 11870—9310 年。牛栏洞遗址为研究旧石器时代如何向新石器时代过渡、原始农业的起源、原始驯养业的萌芽与发展提供了重要实物资料，具有重要科学考古研究价值。2002 年，牛栏洞遗址被广东省人民政府公布为广东省文物保护单位。

牛栏洞遗址

3. 慧光塔 （宋）

位于清远市连州市慧光路南端慧光公园内，始建于南北朝宋泰始四年（468 年），古塔顶盖为生铁铸造。当年建塔时，因塔顶盖太重，无法提升上去，只好将其搁置在塔的旁边。因此，有“惠州古塔无影，连州古塔无顶”之说。第一层斗拱用“人字形拱”承托“鸳鸯交手拱”的建筑方式，是此塔建筑特点之一，整座宝塔为木构塔，唐宋年间修建成楼阁式砖木塔，外墙为土红色，平面呈六角形，内部为斗拱型结构，塔身中空，有梯道可登，每层有回廊环绕。塔高 49.86 米，9 层 17 级，每层用砖砌出角柱，层层向上递减，呈直线收缩，造型美观。站在塔旁，明显感觉到这座塔的中轴线不是垂直的，而是向西倾斜 1 米多。原来此塔的塔基是建在一座小石山的山尖上，历经千年的风吹雨打和地壳运动，塔基发生了微小的变化，东高西低，造成塔向西倾斜，因而此塔被誉为千年“东方斜塔”，具有很高的历史、科学和艺术价值。2006 年，慧光塔被国务院公布为全国重点文物保护单位。

慧光塔

4. 上岳村建筑群 （清）

位于清远市佛冈县龙山镇西面上岳村。上岳村为朱姓村落，与下岳村一样，两村村民皆为南宋朱文焕（朱熹第六代孙）的后人，南宋末年，朱文焕抗击元兵于北江，殉国于粤北。上岳村是一个有着 700 多年历史的古村落，始建于南宋，清朝达到鼎盛时期，历史悠久，建筑风格为明清岭南派，呈长方形城堡结构，长约 200 米，宽约 50 米，共有 37 栋 108 间房。每栋房子的墙壁绘画各具特色，尽管年代久远，不少已是残垣断壁，但这些精美的建筑造型和墙绘图案仍给人留下难忘的印象。村内小路由麻石铺就，家家户户都是雕梁画栋、青砖黛瓦。建筑群布局清晰、严谨，错落有致，气势恢宏，最有特色的是60多座排列整齐、高大醒目的镬耳墙，放眼望去非常壮观，比徽派建筑的马头墙更有气势。明清时期，镬耳墙是官职的象征，形状就像官员的帽子，镬耳的高低也代表着官位的大小。古村由十八里组成，五家为一邻，五邻为一里，每个里有一门楼进出，有自己的名字，自成一体。其中，相连在一起的上归仁里、中归仁里、下归仁里是保存最完好的古建筑群。2012年，上岳村建筑群被广东省人民政府公布为广东省文物保护单位。

上岳村建筑群

5. 飞霞洞 （清至民国）

飞霞山位于飞来峡的上游，是儒、释、道三教合一的场所，主要由飞霞洞、藏霞洞、锦霞禅院三部分组成，是广东八大名山之一。这里后山高耸如屏，山谷宽广开阳，因而云霞常处于动态，或袅袅上升，或飞向后山顶，或飘向藏霞洞，故名“飞霞”。飞霞洞四面环山，以建筑雄伟闻名，只见殿宇顺着山势逐级叠建而上，高达七级，颇有气势和凌空欲飞的感觉。古洞内奉儒、释、道三教祖师及诸仙佛，建筑面积达2万多平方米，供奉的神像形态生动、价值珍贵，是全国为数不多、岭南地区最大的三教合一的宗教场所。主殿瓦上的那颗摇珠，与前面的螺星岭峰尖及殿后山上的一座天然石佛正好三点成一线，独具匠心。院中有一株数百年树龄的名花玉堂春，为明代皇帝赐种，十分稀贵。额眉有“飞霞洞”三字。全洞共有五厅二潭，洞厅相连，上下错落，水陆相通，洞内钟乳悬垂，柱石擎天，造型千奇百态。洞前建有一寺，右侧有一泉水涌出，终年不涸，水清寒澈，为避暑消闲胜地。2015 年，飞霞洞被广东省人民政府公布为广东省文物保护单位。

飞霞洞

6. 贤令山摩崖石刻 （唐至清）

位于清远市阳山县城北贤令山半山大石壁上。唐贞元十九年（803 年），韩愈由监察御史贬为阳山县令，任内勤政爱民，后人为纪念他，改牧民山为贤令山。贤令山东麓山高大，如屏如砥，流泉怪石，翠峦环拥，为粤北著名古迹，以韩愈手迹最为可贵。这些摩崖石刻分布在打字岩、千岩表、读书台、游息洞、朝阳洞等景点，有唐至清代石刻 36 题，尤以打字岩的石刻最为珍贵。打字岩高约 7 米，宽约 13 米，上有韩愈“鸢飞鱼跃”草书题刻，每字长 0.5 米、宽 0.4 米，笔力遒劲。“鸢飞鱼跃”原石刻已不存，清代阳山县令潘元音根据拓片重刻。另刻有南宋绍熙元年（1190 年）阳山县令张本中的《皇宋圣传颂诗并序》，刻面宽 4 米，高 3 米，全文 28 行，古劲逆秀，清代著名金石大家翁方纲盛誉：“粤中宋刻，当以此为最！”还有韩愈手书《千岩表》《远览》诗，米芾《且看山斋》题刻，以及清代书法家符翕的手迹、明弘治十二年（1499 年）连州知州曹镐等刻的韩文公半身石刻像碑等。1978 年，贤令山摩崖石刻被广东省人民政府公布为广东省文物保护单位。

贤令山摩崖石刻

7. 南山摩崖石刻 （唐至清）

位于清远市英德市英城南郊 1000 米处的南山，南山由大小 18 个山峰组成。南朝梁中大通五年（533 年）在山脚建有万寿寺，因寓意寿比南山而得名。唐宋时期南山建有亭台楼阁等 32 个景点，吸引着历代游人赋诗题刻留念。唐元和六年（811 年）浈阳县令侯著为南山景点“涵晖洞”题名石刻，其是南山的第一题摩崖石刻。从唐代至民国，南山摩崖石刻原共有 140 多题，现存 106 题，其中刻于唐代 5 题、刻于宋代 59 题、刻于明代 11 题、刻于清代 9 题、刻于民国时期 2 题、年代不明的 20 题。内容有题名、题记、题字与诗刻，以诗刻为最多，字体有篆书、楷书、行草书等。著名的有唐代元杰的《浈阳果业寺开东岭洞谷铭并序》，有宋代苏轼被贬英州时带着幼子苏过游览南山景点后的题名石刻，有宋代《南山十咏并序》《英州南山圣寿寺水车记》《广东路新开峡山栈路记》《英州众乐亭记》，还有明代何世纶《涵晖谷》、清代李调元的题诗、民国《重修南山寺纪事》等。苏轼南山题名云："蜀人苏轼子瞻，南迁惠州，舣舟岩下，与幼子过同游圣寿寺，遇隐者石君汝砺器之，话罗浮之胜，至莫乃去。绍圣元年九月十二日书。"此石刻于1969年在修建木柴场时被炸毁。南山摩崖石刻始于唐，盛于宋，至民国时期止，前后时间延续1100多年；保存完整，数量众多，是广东的著名石刻群，与肇庆鼎湖山七星岩摩崖石刻、潮州葫芦山摩崖石刻并称"广东三大摩崖石刻"。1978年，南山摩崖石刻被广东省人民政府公布为广东省文物保护单位。

南山摩崖石刻

8. 连南三排镇南岗古排（明）

位于清远市连南瑶族自治县县城以南，被誉为"中国瑶族第一寨"。南宋时排瑶的祖先在南岗定居，已有千余年的历史。南岗古排在明代已具相当大的规模，鼎盛时期有600户5000多人，被称为"首领排"，有近700间古民宅，一律是外墙用青砖内用木质的结构。这些民宅是瑶族山寨中保存最为完好、规模最大的建筑，保留着368幢明清时期古宅以及寨门、寨墙、石板道等。现居住的瑶族，主要有邓、唐、盘、房4个氏族，元代建立民主选举的"瑶老制"，形成了神圣而严厉的"习惯法"，严密管理山寨。房舍分住宅、谷仓、柴寮3种类型，住宅大部分是两层楼房（吊脚楼）和平房，以石灰拌沙砌青砖，屋顶盖瓦，四檐翘角。由于木材充足，瑶族人把又长又大的木材当瓦檐，延伸到门口 1 米多长，再把楼板伸出 1 米，用木条把楼板与瓦檐木条连接起来，将伸出的楼台（阳台）吊在屋檐下，形成了风格独特的吊脚楼。古排还保存了“瑶王”的故居，故居门楣上有精美的花鸟壁画，堂屋里有一张象征氏族权威的“太师椅”，厢房里放置着耕作农具和简陋的家具，毫无奢侈作风。瑶王是古排的最高首领，在元至清道光十二年（1832 年）期间，他被称呼为“天长公”，道光十二年后，被称呼为“瑶长”，瑶民和汉族人则称他为“瑶王”。石棺墓是古排特有的葬礼，其他排瑶至今未发现有石棺墓葬，在南岗古排只有瑶王才能享用石棺安葬，发现有 2 座明代石棺墓上刻有碑文和瑶民色彩图腾及墓主“打道”（度戒）后安的法名。2008 年，南岗古排被广东省人民政府公布为广东省文物保护单位。

连南三排镇南岗古排

9. 连州丰阳镇丰阳村

位于清远市连州市丰阳镇中部，始建于五代十国时期的南唐末年，已有 1100 多年历史，原名“凤阳”，明以后改“丰阳”。全村姓吴，始祖吴敬元是南唐末年的征南元帅，隐居于此，始立凤阳村。村中至今还遗存着丰富的宋代人文景观和完好的明、清建筑，传统民居建筑风格以古代荆楚建筑艺术为主，兼有南粤特色。村中的丰溪古庙始建于北宋末年，为二进四合院式布局，抬梁式结构，古庙前的千年古榕和古戏台更是古韵盎然。两条鹅卵石铺砌的古街长1000米有余，两旁店铺林立，见证了明清时期古村的繁荣。吴氏宗祠、学忠公祠、胜求公祠体现了中国古代氏族社会的格局，最具特色的是吴氏宗祠的镇门石狮，敲打任何部位，都能根据声音来辨别狮子的雌雄。四座门楼分别位于东、南、西、北四个方位，每座门楼门前都用鹅卵石铺成古代建筑符号，其中南门楼始建于北宋末年，门前用鹅卵石铺置了“钱”字符图案。“一间古庙、两条古街、三间祠堂、四座门楼”，包含了丰阳古村的全部内涵，体现了古村深厚的历史文化底蕴。村内还有一座丰阳革命烈士纪念碑，曾有十多人在解放战争中为革命牺牲，碑不高，却永远镌刻着丰阳的这些英雄的名字，使其流芳百世。此外，在村西北部还有丰阳古道，这里毗邻广西和湖南两省（区），自古便是三省（区）边界最重要的商贸通道，更是南粤古驿道六条线路中肇雷古驿道文化线路中的重要组成部分。丰阳古道长约6000米，多数路段用鹅卵石铺成，宽1.2～1.5米，沿途还保留有凉亭、石桥等。

连州丰阳镇丰阳

附录

广东省中国传统村落

地级市名称	村落名称	数量（个）
广州市	番禺区石楼镇大岭村	13
	番禺区沙湾街道沙湾北村	
	荔湾区冲口街道聚龙村	
	海珠区琶洲街道黄埔村	
	海珠区华洲街道小洲村	
	花都区炭步镇塱头村	
	花都区花东镇港头村	
	黄埔区九龙镇莲塘村	
	黄埔区长洲街道深井村	
	增城区正果镇新围村	
	增城区新塘镇瓜岭村	
	从化区太平镇钟楼村	
	从化区太平镇钱岗村	
深圳市	龙岗区大鹏镇鹏城村	1
珠海市	斗门区斗门镇南门村	2
	斗门区斗门镇八甲排山村	
汕头市	金平区鮀莲街道玉井社区	12
	金平区月浦街道沟南社区	
	濠江区马滘街道凤岗社区	
	潮阳区关埠镇下底村	
	潮阳区金灶镇柳岗村	
	潮南区陇田镇东仙社区	
	潮南区陇田镇华瑶社区	
	澄海区隆都镇上北村侯邦村	
	澄海区莲下镇程洋冈村	
	澄海区东里镇樟林村	
	澄海区莲华镇隆城村	
	澄海区隆都镇前美村	
佛山市	南海区西樵镇松塘村	22
	南海区桂城街道茶基村	

（续表）

地级市名称	村落名称	数量（个）
佛山市	顺德区北滘镇碧江村	22
	禅城区南庄镇罗格孔家村	
	南海区九江镇烟南烟桥村	
	南海区丹灶镇仙岗社区	
	南海区狮山镇高边社区璜溪村	
	南海区狮山镇狮岭村黎边村	
	南海区里水镇汤村村汤南村	
	南海区里水镇赤山村赤山村	
	顺德区乐从镇沙滘村	
	顺德区杏坛镇逢简村	
	顺德区杏坛镇马东村	
	三水区乐平镇大旗头村	
	三水区白坭镇岗头村	
	三水区芦苞镇长岐村	
	三水区芦苞镇独树岗村	
	高明区明城镇罗稳深水村	
	高明区荷城街道上秀丽村阮埇村	
	高明区荷城街道照明社区榴村村	
	高明区荷城街道江湾社区上湾村	
	高明区更合镇新圩社区朗锦村	
韶关市	仁化县石塘镇石塘村	14
	仁化县扶溪镇古夏村	
	仁化县城口镇恩村	
	始兴县城南镇周前村	
	乳源瑶族自治县大桥镇大桥村	
	乳源瑶族自治县大桥镇深源村	
	翁源县江尾镇湖心坝村	
	新丰县马头镇潭石村九栋十八井村	
	乐昌市梅花镇大坪村	
	乐昌市黄圃镇石溪村	
	南雄市乌迳镇新田古村	
	南雄市油山镇上朔村	
	南雄市南亩镇鱼鲜村	
	南雄市百顺镇百顺村黄屋城村	

（续表）

地级市名称	村落名称	数量（个）
河源市	紫金县水墩镇群丰村	15
	龙川县丰稔镇黄岭村	
	连平县陂头镇夏田村	
	连平县隆街镇长沙村	
	连平县隆街镇东坑村	
	连平县忠信镇司前村	
	连平县大湖镇湖东村大湖寨村	
	和平县林寨镇林寨古村	
	和平县东水镇大坝村	
	和平县大坝镇水背村	
	和平县热水镇北联兴隆村	
	东源县仙塘镇仙塘村南园村	
	东源县义合镇下屯村	
	东源县义合镇义合村苏家围村	
	东源县康禾镇仙坑村	
梅州市	梅江区城北镇玉水村	78
	梅县区白渡镇峰溪石溪村	
	梅县区松源镇横坊横江村	
	梅县区水车镇茶山村	
	梅县区桃尧镇桃源村	
	梅县区雁洋镇桥溪村	
	梅县区雁洋镇石楼村	
	梅县区雁洋镇松坪村	
	梅县区松口镇圳头村	
	梅县区松口镇铜琶村	
	梅县区松口镇大黄村	
	梅县区松口镇梅教村	
	梅县区松口镇南下村	
	梅县区松口镇小黄村	
	梅县区松口镇桃宝村	
	梅县区松口镇富坑村	
	梅县区南口镇侨乡村	
	梅县区南口镇谢响塘村	
	梅县区南口镇竹香村	

（续表）

地级市名称	村落名称	数量（个）
梅州市	梅县区南口镇蕉坑村	78
	梅县区南口镇瑶美村	
	梅县区南口镇瑶上村	
	梅县区南口镇锦鸡村	
	梅县区南口镇铅畲村	
	梅县区梅南镇罗田上村	
	大埔县三河镇汇城村	
	大埔县西河镇车龙村	
	大埔县西河镇北塘村	
	大埔县湖寮镇龙岗村河头村	
	大埔县青溪镇蕉坑村大水坑村	
	大埔县光德镇上漳村	
	大埔县桃源镇桃锋村	
	大埔县桃源镇桃星村	
	大埔县百侯镇侯南村	
	大埔县百侯镇侯北村	
	大埔县百侯镇旧寨里村松柏坑村	
	大埔县大东镇坪山村	
	大埔县大东镇联丰村	
	大埔县大麻镇下村村	
	大埔县大麻镇恭下村	
	大埔县枫朗镇坎下村	
	大埔县枫朗镇上木村	
	大埔县茶阳镇花窗村	
	大埔县茶阳镇茅坪村	
	大埔县高陂镇银滩村	
	大埔县高陂镇古田村	
	大埔县高陂镇党溪村	
	大埔县茶阳镇溪上村	
	五华县岐岭镇凤凰村	
	五华县横陂镇夏阜村	
	兴宁市径南镇星耀村	
	兴宁市龙田镇鸡公侨村	
	兴宁市龙田镇龙盘村	

（续表）

地级市名称	村落名称	数量（个）
梅州市	兴宁市宁中镇和新村	78
	兴宁市坭陂镇汤一村	
	兴宁市石马镇刁田村	
	兴宁市叶塘镇河西村	
	兴宁市新陂镇上长岭村	
	兴宁市刁坊镇周兴村	
	兴宁市罗岗镇柿子evaluated村	
	丰顺县汤南镇龙上古寨	
	丰顺县黄金镇清溪村	
	丰顺县汤南镇新楼村	
	丰顺县埔寨镇埔西村	
	丰顺县埔寨镇埔南村	
	丰顺县埔寨镇埔北村	
	丰顺县建桥镇建桥村	
	丰顺县丰良镇璜溪村邹家围	
	平远县石正镇南台村	
	平远县泗水镇梅畲村	
	平远县泗水镇文贵村	
	平远县泗水镇成文村	
	平远县东石镇凉庭村	
	平远县上举镇畲脑村	
	蕉岭县蓝坊镇大地村	
	蕉岭县蓝坊镇高思村	
	蕉岭县南礤镇南礤村	
	蕉岭县南礤镇石寨村	
惠州市	惠城区横沥镇墨园村	10
	惠阳区秋长街道茶园村	
	惠阳区秋长街道周田村	
	博罗县龙华镇旭日村	
	龙门县龙华镇绳武围	
	龙门县永汉镇鹤湖围村	
	龙门县龙华镇功武村	
	惠东县稔山镇范和村	
	惠东县多祝镇皇思扬村	
	惠东县铁涌镇溪美村	

（续表）

地级市名称	村落名称	数量（个）
汕尾市	陆丰市潭西镇大楼村	2
	陆丰市大安镇石寨村	
东莞市	企石镇江边村	6
	石排镇塘尾村	
	茶山镇南社村	
	茶山镇超朗村	
	寮步镇西溪村	
	塘厦镇龙背岭村	
中山市	南朗镇翠亨村	6
	南朗镇榄边茶东村	
	三乡镇古鹤村	
	黄圃镇鳌山村	
	沙溪镇龙头环村	
	大涌镇安堂村	
江门市	蓬江区棠下镇良溪村	12
	蓬江区潮连街道卢边村	
	台山市斗山镇浮石村	
	台山市斗山镇浮月村	
	台山市斗山镇横江村	
	台山市端芬镇海阳村东宁村	
	开平市百合镇马降龙村	
	开平市塘口镇自力村	
	开平市塘口镇仓前村	
	恩平市圣堂镇歇马村	
	鹤山市鹤城镇田心村	
	鹤山市龙口镇霄南村	
阳江市	阳东区雅韶镇西元村阳江雅韶十八座	1
湛江市	雷州市白沙镇邦塘村	12
	雷州市龙门镇潮溪村	
	雷州市南兴镇东林村	
	雷州市纪家镇周家村	
	雷州市南兴镇新村	
	雷州市调风镇调铭村	
	雷州市英利镇青桐村	

（续表）

地级市名称	村落名称	数量（个）
湛江市	雷州市杨家镇北劳村	12
	雷州市北和镇鹅感村	
	遂溪县建新镇苏二村	
	遂溪县河头镇双村村	
湛江市	遂溪县岭北镇调丰村	12
茂名市	信宜市镇隆镇文明村	1
肇庆市	端州区黄岗街道白石村	12
	高要区回龙镇黎槎村	
	德庆县武垄镇武垄村	
	德庆县官圩镇金林村	
	德庆县永丰镇古蓬村	
	德庆县悦城镇罗洪村	
	封开县罗董镇杨池古村	
	广宁县北市镇大屋村	
	广宁县南街街道黄坪村里仁村	
	怀集县凤岗镇孔洞村	
	怀集县大岗镇扶溪村	
	怀集县中洲镇邓屋村	
清远市	清新区龙颈镇凤塱村	31
	佛冈县汤塘镇汤塘村	
	佛冈县迳头镇土仓下村	
	佛冈县龙山镇上岳古围村	
	佛冈县高岗镇社岗下村	
	连州市连州镇沙坊村	
	连州市龙坪镇元壁村	
	连州市西岸镇冲口村	
	连州市西岸镇马带村	
	连州市西岸镇石兰寨	
	连州市保安镇卿罡村	
	连州市东陂镇白家城村	
	连州市丰阳镇丰阳村	
	连州市星子镇新村老滂塘村	
	连州市星子镇四方村大元村	
	连州市星子镇联西村黄村村	

（续表）

地级市名称	村落名称	数量（个）
清远市	连州市大路边镇大路边村	31
	连州市大路边镇黄太村凤头村	
	连州市大路边镇山洲村	
	连州市西江镇大岭村南坪村	
	连南瑶族自治县三排镇油岭村	
	连南瑶族自治县大坪镇大掌村	
	连南瑶族自治县三江镇石泉村	
	连南瑶族自治县三排镇南岗古排	
	连南瑶族自治县三排镇三排村	
	阳山县太平镇太平村三和洞村	
	英德市沙口镇新建村杨塘村	
	英德市沙口镇长江坝村	
	英德市青塘镇青南村石桥塘村	
	英德市西牛镇金竹村下寨村	
	英德市横石塘镇龙建村围子下村	
潮州市	潮安区浮洋镇井里村	4
	饶平县所城镇大城所村	
	潮安区古巷镇古一村象埔寨	
	潮安区龙湖镇龙湖古寨	
揭阳市	榕城区渔湖镇长美村	6
	榕城区仙桥街道西岐村	
	惠来县隆江镇孔美村	
	揭西县东园镇月湄村	
	普宁市洪阳镇德安里村	
	普宁市梅塘镇溪南古村	
云浮市	云城区腰古镇水东村	3
	郁南县大湾镇五星村	
	郁南县连滩镇兰寨村	

资料来源：国家住房和城乡建设部、文化和旅游部、财政部及广东省人民政府网站。